Intelligent Management and Practice for Intrinsic Safety
in Construction of Expressway Engineering

高速公路工程建设本质安全智慧管理与实践

何庆华 曾 磊 李明国 等 编著

人民交通出版社股份有限公司
北 京

内 容 提 要

本书立足高速公路工程建设项目管理,以改进安全管理模式、建设本质安全为目标,对高速公路工程建设本质安全智慧管理进行了概述,并从提升人因本质安全化水平、强化管理本质安全化能力、提升技术本质安全化强度三个方面详细阐述了本质安全智慧管理的方法与实践。

本书可供高速公路工程建设安全管理与技术人员、建设管理与施工技术人员工作参考,亦可供高等院校相关专业师生教学参考。

图书在版编目(CIP)数据

高速公路工程建设本质安全智慧管理与实践 / 何庆华等编著. —北京:人民交通出版社股份有限公司,2023.10

ISBN 978-7-114-18104-7

Ⅰ.①高… Ⅱ.①何… Ⅲ.①高速公路—道路工程—安全管理 Ⅳ.①U415.12

中国版本图书馆 CIP 数据核字(2022)第 129586 号

Gaosu Gonglu Gongcheng Jianshe Benzhi Anquan Zhihui Guanli yu Shijian

书　名:	高速公路工程建设本质安全智慧管理与实践
著 作 者:	何庆华　曾　磊　李明国　等
责任编辑:	石　遥　师静圆
责任校对:	孙国靖　宋佳时
责任印制:	张　凯
出版发行:	人民交通出版社股份有限公司
地　　址:	(100011)北京市朝阳区安定门外外馆斜街3号
网　　址:	http://www.ccpcl.com.cn
销售电话:	(010)59757973
总 经 销:	人民交通出版社股份有限公司发行部
经　　销:	各地新华书店
印　　刷:	北京市密东印刷有限公司
开　　本:	787×1092　1/16
印　　张:	8.25
字　　数:	175 千
版　　次:	2023年10月　第1版
印　　次:	2023年10月　第1次印刷
书　　号:	ISBN 978-7-114-18104-7
定　　价:	65.00 元

(有印刷、装订质量问题的图书,由本公司负责调换)

本书编委会

主　　编：何庆华　曾　磊　李明国
参编人员：范　东　向　崎　吴穗湘　姚晋鹏　黄华江
　　　　　杨　飚　唐世江　邓　佳　吴建平　韦永军
　　　　　冯敏圆　胡开连
校　　对：李明国　向　崎
主编单位：广州市高速公路有限公司
　　　　　广东华路交通科技有限公司
　　　　　广东东方思维科技有限公司

Preface 前言

近年来,随着科技水平不断提高、社会经济不断发展,我国各行各业都呈现出蓬勃发展的势头。公路工程行业的快速发展为我国基础设施建设做出了重大贡献。但是,随之而来的一些问题也日益突出,如何保证施工安全已成为公路工程施工管理面临的巨大挑战。

2019年由广州市高速公路有限公司主导,广东华路交通科技有限公司和广东东方思维科技有限公司共同参与,启动了"高速公路工程建设本质安全智慧管理研究"(以下简称课题)课题的研究工作。本书是该课题研究成果的总结,是高速公路工程建设本质安全管理体系建立和本质安全管理平台(WEB + APP,全球广域网 + 手机软件)应用的良好示范。高速公路工程建设本质安全管理以落实安全生产责任制为主线,从提升人因本质安全化水平、强化管理本质安全化能力、提升技术本质安全化强度等三个方面出发,追求公路工程建设全过程的本质安全管理,以期达到"思想无懈怠、管理无空挡、设计无缺陷、设备无隐患、系统无阻塞"的本质安全管理目标,从而逐步实现"安全零缺陷、安全零事故"的最终目的。

本书中本质安全智慧化管理平台是落实本质安全智慧管理研究成果的重要载体,将本质安全管理体系及理念加以落实、应用。本质安全管理平台是以参建各方的用户-人为中心,采用BS(浏览器和服务器)架构、云端部署的思路,具有动态性、主动性和智能化特征的智慧化安全管理平台(WEB + APP)。平台立足项目管理全过程,真正落实全员安全生产责任制,规范全员的安全生产管理行为,全面落实安全标准化,解决"不想做、不会做、不知道做到什么标准"和"谁去做(责任)、做什么(标准)、怎么做(流程)"的问题。平台通过安全职责流程化、功能模块化、技术标准化、过程动态化落实"人本安全、管本安全、技本安全"的高速公路工程建设安全管理理念,以双重预防机制为内核,实现风险的有效预控和隐患的有效整改落实,最终持续提升企业及项目建设安全管理水平和工作实效。

本书立足项目管理,以提升安全管理模式、建设本质安全为目标,首先以风险管控与隐患查治的双重预防机制为核心,以海因里希、现代系统安全理论等事故致因理论为基础,通过超前预控、源头管控和标本兼治的管理模式,做到管理无漏洞、人员无失误、系统无缺陷;其次以安全文化为牵引,将人的被动安全管理,转变为主动驱动,以工程技术和安全制度作为安全的支撑力,优化安全体制、机制,减少经营者趋利性和员工惰性的下滑力;最后以标准化为基础,以本质安全智能化管理平台为手段,实现全员、全过程、全方位、全天候的高速公路工程建设项目安全管理。同时,结合《广东省高速公路工程施工安全标准化指南》(以下简称《指南》)及有关法律法规的要求,以施工安全管理活动中的业主、监理和施工单位为主体,对安全生产责任制进行清单化的详细分解,使得每个从业人员都能明确各自安全管理职责与责任,使从业人员的安全管理行为规范化、标准化。通过对施工安全技术进行分解,对施工过程中存在的安全管理技术问题进行罗列分解,明确各分部(项)工程安全技术管理的内容,并加强对班组的建设管理,解决做什么、如何做、谁来做的问题,使每一项安全管理工作真正落到实处;建立安全管理动态体系,并结合智慧化的管理手段、工具,将安全管理清单中的每一项管理内容,以安全生产责任体系为主线连接起来,使得安全管理职责在各岗位之间联动起来,实现职责、隐患的动态更新,以及对"事件"的预警提醒、动态跟踪,使得每一项安全管理内容都得到实施,真正实现安全管理的 PDCA(计划—执行—检查—处理)循环。

通过建立安全数据库,使安全资料自动存档、安全数据实现多维度的统计分析与评价,使辅助安全决策得以实现,从而实现项目安全管理目标。同时,采用新的安全管理手段将移动设备与安全管理相结合,使安全管理逐步摆脱传统的管理手段,实现数据在云端、技术共享的管理理念,正式将公路工程安全管理推向互联网时代,不仅提高了企业安全管理效率,还推动了互联网技术在传统行业的创新应用,为公路工程施工企业的安全管理注入了新的血液,也为"粤港澳大湾区"建设贡献了力量,响应了"粤港澳大湾区"建设的科技创新精神。

通过收录安全标准数据、安全风险数据和事故隐患数据,形成安全大数据库,对安全数据进行模块化、数据化处理,实现安全数据的通用性和动态管理(即实时更新性)。本书所述的安全大数据库是目前高速公路领域首例安全标准大数据库,它的成功应用具有重要的示范意义。

通过运用安全大数据库实现安全风险和事故隐患的预判预控和实时跟踪管理,引入安全检查整改跟踪流程和安全预警机制,实现安全风险和事故隐患的动态管理,推进安全工作的标准化、动态化、智能化,依据自动形成的台账和相关数据统计分析,持续提升公司及项目建设安全管理水平和工作实效。落实"安全第一、预防为主、综合治理"的方针,坚持创新引领和改革驱动,以"平安交通"建设为统领,进一步明确和落实安全责任,推动安全生产工作关口前移、系统建设、闭环管理、持续改进,加快构建科学规范、严实高效的施工安全生产预防控制体系,对打造"平安工程""智慧交通"具有重要的意义。

鉴于目前高速公路工程建设本质安全管理体系和本质安全管理平台(WEB + APP)的应用还处于发展中,对智慧化的实现也还处于结合工程实际进行探索中,有些结论和观点可能存在片面和局限性,期待将来逐步完善。本书为安全管理提供一种思路,其内容仅供参考,如有错漏,敬请同行批评指正。

书中成果本质安全管理平台(WEB + APP)已在广州市高速公路有限公司所属的从埔高速公路项目、机场第二高速公路南段项目、石门堂隧道项目、南中高速公路项目中进行了推广应用。项目现场为平台建设和完善提供了宝贵意见,在此感谢以上各项目单位对课题研究成果的支持。课题研究也得到了行业内众多单位、专家、领导、同行的支持,在此一并致谢!

我们坚信本质安全智慧管理理念一定会在高速公路工程建设安全管理中发挥重要作用,其理论和实践方法将会是未来工程建设安全管理的重要方向之一,将为我国高速公路工程建设落实安全生产责任制,实现系统化、科学化、智慧化发挥重要作用。

本书编委会
2023 年 6 月

Contents 目录

第 1 章	高速公路工程建设本质安全智慧管理概述	001
1.1	本质安全是国家安全发展的基本战略和策略	001
1.2	本质安全概述	001
1.3	高速公路工程建设本质安全智慧管理内涵	003
1.4	高速公路工程建设本质安全智慧管理平台	005
第 2 章	提升人因本质安全化水平	011
2.1	安全文化体系	011
2.2	安全生产责任体系	028
2.3	建立 KPI 绩效考核体系	032
第 3 章	强化管理本质安全化能力	040
3.1	安全生产管理制度	040
3.2	安全风险管理	044
3.3	隐患排查与治理管理	047
3.4	双重预防机制	055
3.5	安全生产费用管理	058
3.6	人员管理	063
3.7	机械设备管理	065
3.8	危险性较大工程管理	075
3.9	专控工序验收管理	078
3.10	安全教育培训管理	079
3.11	灾害信息预警	082
3.12	安全生产应急管理	087
3.13	生产安全事故管理	095
3.14	日志管理	098
3.15	安全生产内业资料管理	100

第 4 章　提升技术本质安全化强度 ·· 111
4.1　安全技术标准数据库 ··· 111
4.2　安全技术标杆数据库 ··· 113
4.3　安全防护技术标准数据库 ·· 116

参考文献 ··· 119

第1章 高速公路工程建设本质安全智慧管理概述

1.1 本质安全是国家安全发展的基本战略和策略

安全生产以保护人的生命和健康作为基本目标,是"以人为本"的本质内涵,是人民群众和社会家庭的最基本需求,是人民生活幸福的最根本要求。安全生产作为保护和发展社会生产力、促进社会和经济持续健康发展的基本条件,关系到国民经济健康、持续、快速发展,是党和政府对人民利益高度负责的要求,是社会经济协调健康发展的标志,是生产经营单位实现经济效益的前提和保障。总之,无论从政治、经济、文化的角度,还是从国家、社会、家庭的角度,重视和加强安全生产工作都事关重大。

党中央、国务院历来高度重视安全生产工作,党的十八大以来对安全生产工作做出了一系列重大决策部署,提出"科学发展、安全发展"的战略部署,特别是 2016 年 12 月《中共中央国务院关于推进安全生产领域改革发展的意见》,在"指导思想"中明确"牢固树立新发展理念,坚持安全发展,坚守发展决不能以牺牲安全为代价这条不可逾越的红线",在"基本原则"中明确"坚持安全发展。贯彻以人民为中心的发展思想,始终把人的生命安全放在首位,正确处理安全与发展的关系,大力实施安全发展战略,为经济社会发展提供强有力的安全保障。"安全发展已从一个科学理念进而明确为我国社会经济发展的重大战略,这是我国对经济社会发展客观规律的高度总结。

国家安全发展战略体系中,理论创新、机制创新、文化创新、系统治理、源头防范等战略策略,都是本质安全的体现和要求,因此打造本质安全型企业是安全发展的基本目标和重要举措。我国安全生产领域各地区、各部门、各行业推进本质安全战略和建立本质安全体系,创建本质安全型企业正当时。

1.2 本质安全概述

进入 21 世纪以来,科学技术取得了突飞猛进的发展,工业化和自动化水平发展到了前所未有的高度,人类的生产和生活发生了革命性的变化,新技术渗透到各个领域。随着人类对自然资源的过度开采，导致的各种灾害严重威胁着我们的生命安全。人们始终在寻找一种有效的方法来应对这些伴随人类发展和进步而来的危害，希望能够消除事故隐患，预防甚至是杜绝事故，于是人们在大量的生产实践中对安全管理的模式进行了深入的探索。20世纪90年代至今，本质安全作为一种全新的安全管理理念，逐渐成为安全管理科学的重要议题。它将安全管理从被动的"事后处理阶段"带到"事前预防阶段"，将改变人类在事故面前的被动局面。在外文文献中，与本质安全意思比较接近的关键词有三个，如"Intrinsic safety"（本质安全）、"Inherent safety"（固有安全）和"Essential safety"（本质安全）。在中文中，"本质"表示"原本""固有"的意思。在英文辞典中"Intrinsic safety"是作为一个固定词组使用的，表示"原有安全度"，意思更加接近中文的"本质安全"。因此，在将"本质安全"翻译成英文时，还是用"Intrinsic safety"。随着管理科学的不断发展、科学技术的不断进步，本质安全的概念也在不断发展变化，"有效地预防并杜绝事故，达到零事故"是安全管理的最高目标。目前，国内对本质安全的定义还没有形成统一的认识。近年来，国内危险系数相对较高的行业，如煤炭行业、电力行业、交通运输业、石油业等，高度重视本质安全管理的研究，均结合自己的行业特征，对"本质安全"给出了具体的解释。

"本质安全"和"安全"的区别在于"本质"二字，"本质"在《辞海》中的解释是事物的根本性质。常规的安全管理，是通过外界约束，来降低风险，一旦外部约束失去，就会转变为"危险"，可能导致事故发生；本质安全，不依赖外部约束，而是依赖自身特性来降低风险，即使外部约束失去，自身也不会失效，不会转化为"危险"，不会导致事故发生。现阶段学者们对本质安全的研究可以分为两类，一类是狭义上的本质安全，一类是广义上的本质安全。

1）狭义本质安全

早期由于事故致因理论和安全科学理论发展局限性，狭义本质安全是指设备、设施或技术工艺含有内在的能够从根本上防止发生事故的功能。狭义本质安全的定义可以反映出三个方面的特征：一是，误操作也不会造成事故或伤害，或者设备、设施本身具有自动防止人员误操作的功能。二是，设备、设施发生故障或损坏时，还能暂时维持正常工作或自动转变为安全状态。三是，误操作安全和故障安全，这两项功能是设备、设施本身固有的，而不是事后增加的。

2）广义本质安全

面对严峻的生产安全形势，许多研究学者发现，仅仅是设备的本质安全，依然无法实现零事故，尤其是建筑行业，常规的安全管理手段，无法避免事故的发生。所以他们在狭义本质安全的基础上，提出了广义本质安全，它把人、物、环境、管理等各个要素的本质安全结合在一起，形成一个有机的整体，可以综合展望安全管理工作情况，实现生产要素的最优组合。简单来说，就是通过优化资源配置和提高其完整性，使其系统安全可靠。所以，本文将研究对象定义为广义的本质安全理念。

1.3 高速公路工程建设本质安全智慧管理内涵

1.3.1 高速公路工程建设本质安全智慧管理的必要性

国务院安全生产委员会办公室于 2016 年先后印发《标本兼治遏制重特大事故工作指南》和《实施遏制重特大事故工作指南构建双重预防机制的意见》，提出企业要全面推行安全风险分级管控，强化隐患排查治理，构建风险管控与隐患排查治理的双重预防机制。2022 年 4 月 6 日国务院安全生产委员会发布的《"十四五"国家安全生产规划》中，针对"强化企业主体责任""精准排查治理隐患""强化科技创新引领""推进安全信息化建设"等提出了具体的目标任务。另外，中共中央、国务院印发的《粤港澳大湾区发展规划纲要》中也提出加快交通基础设施的建设，同时也要深入实施创新驱动发展战略，着力提升科技成果转化能力。

目前公路工程施工行业的安全管理依然存在诸多问题和不足，主要表现为以下几个方面：

(1) 存在大量管理盲区和误区。施工安全管理人员由于对安全法律、法规、规范、管理制度等的认识存在严重的"碎片化"现象，在安全管理中经常"认不清、想不到、做不好"，对安全管理存在大面积的盲区和误区，导致安全生产责任和岗位职责落实不到位，使得安全生产"一岗双责"难以得到真正落实。

(2) 安全管理落后且低效。因施工安全管理制度、机制不健全不完善，造成安全管理工作滞后，管理手段落后低效。施工安全管理水平常常因人而异，即使部分人员经过了严格的培训，但在日常的管理中仍会出现诸多问题。

(3) 安全管理工作的执行力不足，缺乏有效的约束机制。工程建设过程中的安全管理常常受到来自社会环境、传统管理观念等方面的影响，造成安全管理工作的执行力不足，工作往往不了了之，甚至在执行过程中受到阻碍。

(4) 项目安全管理前后方的信息不对称，存在监管漏洞。项目安全管理的信息交流常常会受到传递手段的制约，以及人为因素、传递时间差等方面的影响，从而导致项目前后方所获得的信息存在重大偏差，最终造成管理决策失误，监督管理存在漏洞等问题。

高速公路工程建设本质安全智慧管理立足项目管理，以提升安全管理模式、建设本质安全为目标，首先以风险管控与隐患排查治理的双重预防机制为核心，以海因里希、现代系统安全理论等事故致因理论为基础，通过超前预控、源头管控和标本兼治的管理模式，做到管理无漏洞、人员无失误、系统无缺陷；其次以安全文化为牵引，将人的被动安全管理，转变为主动驱动，以工程技术和安全制度作为安全的支撑力，优化安全体制、机制，减少经营者趋利性和员工惰性的下滑力；最后以标准化为基础，以本质安全智能化管理平台为手段，实现全员、全过程、全方位、全天候的高速公路工程建设项目安全管理。

高速公路工程建设智慧化安全管理，立足项目管理全过程，真正落实全员安全生产责任制，规范全员的安全管理行为，全面落实安全标准化，解决"不想做、不会做、不知道做到什么标准"和"谁去做（责任）、做什么（标准）、怎么做（流程）"的问题，具有工作超前和标准化的意义。智慧化安全管理理念的提出、工程技术与云端数据的结合、传统管理手段向移动互联网的转变都是公路工程施工安全管理领域一次重大的突破，不仅为安全管理的发展指明了方向，还极大地推动了公路工程行业的创新发展。

1.3.2 高速公路工程建设本质安全管理理念与体系

根据广义本质安全的理念，同时结合当前公路工程建设安全管理的特点，提出了高速公路工程建设本质安全管理理念：高速公路工程建设本质安全管理以落实全员安全生产责任制为主线，从提升人因本质安全化水平、强化管理本质安全化能力、提升技术本质安全化强度等三个方面出发，追求公路工程建设全过程的本质安全管理，以期达到"思想无懈怠、管理无空挡、设计无缺陷、设备无隐患、系统无阻塞"的本质安全管理目标，从而逐步实现"安全零缺陷、安全零事故"的最终目的。

高速公路工程建设本质安全管理真正落实全员安全生产责任制，规范全员的安全管理行为，全面落实安全标准化，解决"不想做、不会做、不知道做到什么标准"和"谁去做（责任）、做什么（标准）、怎么做（流程）"的问题。

1）提升人因本质安全化水平

通过"企业安全文化体系构建"和"企业安全生产责任绩效KPI（关键绩效指标）测评"体系的建立来提升企业人的因素本质安全化水平。

通过"企业安全文化体系构建"来实现人本安全。一方面通过本质型安全文化的构建促使安全文化建设落地，以安全文化建设解决全员的安全素质问题，使企业员工由被动管理变为主动管理；另一方面通过智慧化平台的手段，促进安全文化体系构建及落地。

通过"企业安全生产责任绩效KPI测评"体系来实现人本安全。一方面，通过智慧化平台对企业员工的管理绩效进行自动测评，通过测评机制使企业员工知道自己"该做什么"和"什么没做"，最终真正落实安全生产"一岗双责"；另一方面，将KPI测评与被考评部门、岗位及人员的经济绩效挂接，促进全员自主自觉提升安全水平。

2）强化管理本质安全化能力

对高速公路建设项目各参建方的安全管理制度和安全管理行为标准进行综合研究并形成相应的任务模块，通过智慧化安全管理平台应用这些任务模块来实现安全动态管理以及安全管理工作指引，最终达到强化安全管理的目的。

将参建各方的安全管理制度和安全管理行为标准进行模块化后,融入智慧化平台,通过平台能使各个岗位的员工,清楚自己的安全岗位职责以及自己此时此刻"该做什么"和"怎么去做"。从而形成全天候的工作任务提醒和指导,实现安全管理的动态化。

3)提升技术本质安全化强度

对高速公路建设项目安全防护标准和安全技术标准进行综合研究分析,并转变为数据库,依托智慧化平台形成安全管理的基础数据库,通过智慧化安全管理平台对这些数据库的运用,提升技术本质安全的能力。

1.4 高速公路工程建设本质安全智慧管理平台

高速公路工程建设本质安全智慧管理平台(以下简称本质安全管理平台)是以参建各方的用户-人为中心,采用 BS 架构、云端部署的思路,具有动态性、主动性和智能化特征的智慧化安全管理平台(WEB + APP)。平台立足项目管理全过程,真正落实全员安全生产责任制,规范全员的安全生产管理行为,全面落实安全标准化,解决"不想做、不会做、不知道做到什么标准"和"谁去做(责任)、做什么(标准)、怎么做(流程)"的问题。平台通过安全职责流程化、功能模块化、技术标准化、过程动态化落实"人本安全、管本安全、技本安全"的高速公路工程建设安全管理理念,以双重预防机制为内核,实现风险的有效预控和隐患的有效整改落实,最终持续提升企业及项目建设安全管理水平和工作实效。

1.4.1 平台应用功能

1.4.1.1 理论架构

为落实本质安全智慧管理研究成果,本质安全管理平台从企业安全生产标准化的八个核心要素出发,建立安全生产管理平台的八个模块,即目标职责、制度化管理、教育培训、现场管理、安全风险管控及隐患排查、应急管理、事故管理和持续改进,实现对本质安全智慧管理研究成果的全面落实,如图 1-1 所示。

1.4.1.2 功能实现框架

本质安全管理平台功能架构如图 1-2 所示,分为 WEB 端和 APP 端。其中 WEB 端设计模块有制度与目标职责模块、现场管理模块、风险与隐患管理模块、人员与培训模块、预警模块、安全文化模块、KPI 考核模块、事故与应急管理模块、档案管理模块、数据库模块;APP 端包括隐患排查与治理模块、现场管理模块、应急与事故管理模块、预警模块及其他业务功能模块。结合管理需求,部分管理业务模块只在单一用户端设计,部分管理业务在两种用户端同步设计。

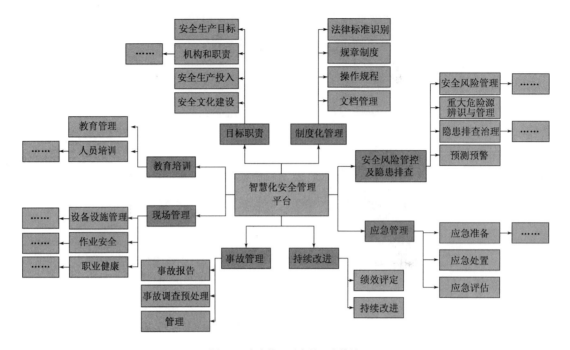

图 1-1　安全管理平台的八个模块

PC端(WEB应用)			移动(APP)应用
××××公司 高速公路建设本质安全智慧管理平台(HSIP)			隐患排查与治理
制度与目标职责模块	现场管理模块	风险与隐患管理模块	现场管理
安全生产费用管理	施工安全日志	风险分级管控	应急与事故管理
制度化管理	监理日志	风险、隐患地图	预警
法律法规识别	机械设备管理	风险与隐患数据统计分析	风险与隐患地图
人员与培训模块	标杆数据库的管理	危险性较大工程管理	重大隐患看板
人员管理	安全文化模块	隐患台账与记录	工作任务列表
安全培训管理	安全文化建设	安全工作计划	拍照入口
预警模块	事故案例学习	KPI考核模块	法律法规
灾害气候预警	平台内部沟通交流、公告	人员考核	技术标准库
工作及任务提醒	监督举报	单位考核	统计图表
安全事故管理			新闻与动态
安全应急管理			
安全档案管理			
数据库 (安全技术标准数据库、风险数据库、隐患数据库、标杆数据库)			

图 1-2　本质安全管理平台功能架构

1.4.2 平台技术架构

本质安全管理平台技术架构分为五个层面:网络层、数据层、业务支撑层、应用层和展示层。其使用范围上涵盖了建设项目的上级管理单位、建设单位、监理单位和施工单位,平台展示方式分为移动端(APP)和 PC 端。平台技术架构示意如图 1-3 所示。

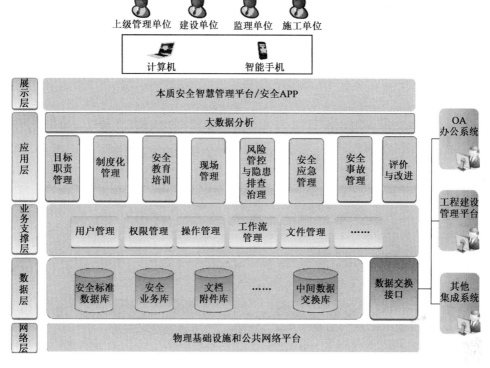

图 1-3　平台技术架构示意图

1)网络层

网络层即基础层,它包括智慧化安全管理平台运行所需各类物理基础设施以及公共网络平台,是整个平台运行的物理存在基础。

智慧化安全管理平台是基于互联网+技术而研发的,其运行需依托互联网。一方面是为了实现建设项目参建各方对安全管理平台的协同操作,另一方面是为了降低安全管理平台的运维成本。因此,智慧化安全管理平台将采用服务数据云端化的方式来运行,而不是传统的服务器方式。

2)数据层

数据层为整个安全管理平台的运行提供数据来源和数据储存,是管理平台运行所需的数据基础,包括基础数据库、中间数据交换库、记录现状的表层数据库等。参建三方的数据按单位分别建库单独存放。

基础数据库是整个数据层的最底层,它包括安全生产管理要素库和安全技术标准库。其中,安全生产管理要素库主要是对应安全管理的人因和管理,安全技术标准库主要是对应安全管理的物因和环境。

中间数据交换库是整个数据层的中间层,是系统平台在任务流程中形成的数据库,是从基础库延伸而来,它主要包括安全生产管理任务库和安全风险管控清单库。在这层,安全生产管理要素库的数据转化为安全生产管理任务库,安全技术标准库的数据转化为安全风险管控清单库。

表层数据库用于记录现状,是整个数据层的最顶层,是在现场安全管理过程中形成(输入系统平台)的数据库,它主要包括管理(人因和管理)隐患库、技术(物因和环境)隐患库和标杆库。安全生产管理工作流中的任务没有得到执行,就会形成管理上的隐患,在现场安全管理过程中就会通过隐患排查被发现,从而形成管理隐患库数据被录入系统平台。同样,当安全风险管控措施没有得到落实时,就会形成技术上的隐患,通过隐患排查被发现,从而形成技术隐患库数据被录入系统平台。标杆库则是将现场安全管理中出现的具有示范性作用的措施录入系统平台,为安全生产管理工作提供标杆和示范。数据层架构模式如图1-4所示。

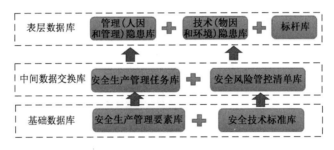

图1-4 数据层架构示意图

(1)安全生产管理要素库。

安全生产管理要素库是指将各方岗位的职责按照安全生产管理八要素进行分解,形成涵盖八要素的各方职责基础数据库。

(2)安全技术标准库。

安全技术标准库是指安全生产管理中包含各类安全技术标准的基础数据库,是以《指南》的安全技术篇为蓝本,同时参考现行法律法规和规范标准而建立的。

(3)安全生产管理任务库。

安全生产管理任务库是指安全生产管理过程中生成的各类工作流、工作任务以及相应的图表、文档资料等数据构成的数据库。

(4)安全风险管控清单库。

安全风险管控清单库是指在建设项目实施过程中,针对项目不同阶段开展安全风险评估而获得的安全风险管控清单所构成的数据库。

(5)隐患库。

隐患库是指在建设项目实施过程中,因风险管控措施落实不到位而形成隐患,通过隐患排查而获得的数据所构成的数据库。它包括管理缺陷(人的层面)隐患和安全技术(技术的层面)隐患。

(6)标杆库。

标杆库是指在建设项目实施过程中,将现场的安全生产管理做得好的方面作为标杆数据录入安全管理平台的数据库。它的作用在于为安全生产管理工作提供标杆和示范。

3) 业务支撑层

业务支撑层是数据层与应用层之间连接的桥梁,起到承上启下的作用,在系统平台中主要体现为各类管理流程、工作流以及工作任务等。

4) 应用层

(1)目标职责管理:该管理包括安全生产目标、机构和职责、安全生产投入、安全文化建设。目前已完成了机构和职责、安全生产投入的研究工作,但尚未完成在平台系统中的应用。

(2)制度化管理:制度化管理包括法律标准的识别、规章制度、操作规程、文档管理(包括记录管理、评估、修订),此部分内容将在下阶段工作中进行研究。

(3)安全教育培训:安全教育包括教育管理和管理人员、从业人员、外来人员等教育培训等内容,此部分内容将在接下来的工作中进行研究。

(4)现场管理:现场管理包括设备设施管理、作业安全管理、职业健康管理等内容,此部分内容将在接下来的工作中进行研究。

(5)风险管控与隐患排查治理:双控体系的建立基于风险管理过程和隐患管理过程。其实质是事前进行安全风险辨识、分级以及采取管控措施,若事中风险管控措施未落实到位,风险转变为隐患,则进行隐患整改或改进,在事后阶段依据过程中形成的隐患排查治理记录,对安全风险辨识及管控措施进行改进,促进风险分级管控措施更加合理有效。

(6)安全应急管理:应急管理主要包括应急准备、应急处理和应急评估环节,此部分内容将在接下来的工作中进行研究。

(7)安全事故管理:事故管理主要包括事故报告、调查处理和事故管理等内容,此部分内容将在接下来的工作中进行研究。

(8)评价与改进:评价与改进主要包括绩效评定和持续改进两个方面的内容,此部分内容将在接下来的工作中进行研究。

5) 展示层

该层是整个安全管理平台的最顶层,是面向用户的最直观的一个层面,主要体现为计算机WEB端和移动APP端,如图1-5和图1-6所示。

本质安全智慧化安全管理平台是落实本质安全智慧管理研究成果的重要载体,将本质安全管理体系及理念加以落实、应用。

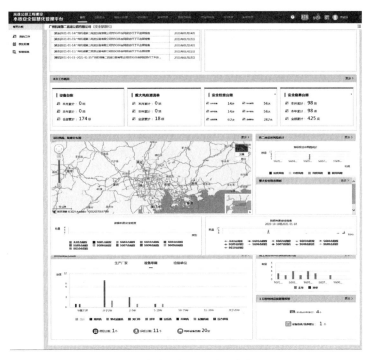

图 1-5　本质安全 WEB 端平台首页

图 1-6　本质安全 APP 端平台首页

第 2 章　提升人因本质安全化水平

2.1　安全文化体系

2.1.1　安全文化体系构建

2.1.1.1　安全文化体系构建主要目的

构建本质型企业安全文化体系的主要目的是提升人因本质安全化水平,强化决策层的安全领导力,提高管理层的安全管制力,提升执行层的安全执行力,培养企业全员成为"本质安全型人"。以安全文化为牵引,将人的被动安全管理,转变为主动驱动,即让全员都有"想安全、要安全、学安全、会安全、能安全、做安全、成安全"的思想驱动。

2.1.1.2　安全文化体系构建指导思想

以本质安全理论为基础,坚持"安全第一、预防为主、综合治理"安全生产方针,紧紧围绕建设项目安全生产各项目标任务,唱响安全发展主旋律,营造工程建设有利于安全生产的舆论氛围和安全文化氛围,建设个性鲜明的安全文化,实现工程建设的自主安全管理,强化全员安全意识,提高全员安全素质,推动安全生产主体责任的落实,为实现本质安全提供精神动力和文化支撑,确保工程建设项目的长治久安。

2.1.1.3　安全文化体系构建总体思路

(1)调研国内公路建设行业的安全理念现状以及项目公司企业的安全理念现状,诊断分析现有安全理念体系,按照企业安全理念体系及其构建方法模式建立本质型企业安全文化。

(2)制订企业安全文化建设内容明细表,对需保留的原有安全文化进行保留,对需要进行研究或者需要统一规范的安全文化内容形成明细化表格。

(3)根据观念文化、制度文化、行为文化和物态文化四大建设板块安全文化的内容呈现分别进行设计研究,确定各个模块具体内容形式。

2.1.1.4　安全文化体系构建主要原则

围绕以上指导思想和总体目标,安全文化建设要找准切入点,把握着力点,在开展创建活动过程中需遵循以下五项原则:

1）以人为本的原则

安全文化建设要正确把握人的本性特征，遵循安全管理的基本规律，推行人情化、人性化理念，做到尊重职工、理解职工、关心职工、爱护职工，最大程度调动职工参与安全管理、履行安全职责、维护安全大局的积极性和创造性，形成人人讲安全、全员保安全的良性局面，最终实现"本质安全型人"目标。

2）预防为主的原则

掌握安全生产主动权的关键所在，就是要千方百计搞好预防工作。安全文化建设的根本出发点，就是为了提高员工的安全意识，增强员工的安全素质，促使每个员工都能积极主动、坚决果断地排查安全隐患、抵制"三违"（违章指挥、违规作业、违反劳动纪律）行为，从而把隐患和事故消除在萌芽状态，做到防患于未然。

3）全员参与的原则

安全文化建设是一项牵涉面广、影响深远的系统工程，需要公司从上到下、方方面面共同发挥作用，才能够迅速推开、持续推进、取得实效。要建立党委、董事会统一领导，班子成员各负其责，基层单位全面实施，职能部室协调配合，全体职工广泛参与的安全文化建设工作体系，齐抓共管，形成合力。

4）管教结合的原则

安全文化建设的执行者和参与者都是职工群众这一主体，必须按照人的本性特征和精神需求，既要通过监督检查、激励制约手段，加强安全基础管理；又要通过灌输、引导、警示等手段，做好思想教育工作。倡导安全文化理念，就是要管理、教育双管齐下，坚决克服以罚代管、以罚代教等简单粗放的工作模式，形成依法科学管理、以德感化教育的良好机制。

5）创新引领的原则

随着建筑行业形势和企业安全生产实际的不断发展和变化，安全文化建设的指导思想、总体目标也随之不断更新和充实，要在继承优良传统、借鉴先进经验的基础上，逐步总结和提炼富有本企业特色的安全文化建设工作理念，不断创新安全文化建设的工作方法，实现共性与个性、形式与内容的协调统一、完美结合。

2.1.1.5 安全文化体系建设组织机构

1）安全文化建设领导小组

组长：项目负责人。

副组长：分管安全生产负责人。

成员：党总支部书记、工会主席、总工程师、各分管负责人、安全生产管理部负责人、工程管理部负责人、征地拆迁部负责人、综合事务部负责人、财务部门负责人。

领导组下设办公室，办公室主要负责安全文化建设工作方案的制订和策划、组织、宣传、培训、推动、检查、考核等日常工作。其人员配置如下。

办公室主任：分管安全生产负责人。

副主任:安全管理、工程技术部门负责人。

成员:其他部门负责人及各部门专、兼职安全生产管理人员。

2)安全文化建设领导小组职责

(1)负责提炼公司安全文化核心理念、安全愿景、安全价值观、安全目标。

(2)确定安全文化体系建立的模式和推行办法;制定推行安全文化体系考核管理办法。

(3)组织安全文化理念和体系建设培训;宣传安全文化理念、指导安全文化体系建设。

3)部门职责

(1)综合事务部负责公司安全文化的推广宣传工作,设立安全文化走廊、安全角、黑板报、宣传栏等员工安全文化阵地,每季度至少更新一次内容,营造安全文化氛围,使安全文化尽快深入人心,并负责组织工会、安全生产管理部等部门对各部门安全文化建设情况进行督查和考核。

(2)安全生产管理部负责安全文化的集中培训,提高全体干部、员工对安全文化重要性的认识;对在安全生产工作中取得显著成绩的集体和个人给予表彰、奖励,并发放奖金。

(3)工会、安全生产管理部负责对各部门安全文化建设情况进行日常抽查和督促。制作安全文化宣传牌板,营造安全文化氛围。

(4)党总支部书记对本范围内的安全文化建设工作进行组织、落实、督促、检查。

(5)各分管负责人对本部门安全文化建设进行组织落实,技术副职负责组织进行安全文化体系培训。

2.1.2 安全文化体系内容

2.1.2.1 安全观念文化体系

安全观念文化是人们关于企业安全以及安全管理的思想、认识、观念、意识,是企业安全文化的核心和灵魂,是建设企业安全文化的基础。它主要包括安全的价值观、经营观、管理观、责任观、标准观、投入观、分配观、环境观、方法观等内容。故要提高职工安全文化素质,可采取以下措施:

1)要提炼好安全文化理念

结合行业特点、实际、岗位状况以及本企业的文化传统,提炼出富有特色、内涵深刻、易于记忆、便于理解的,为职工所认同的安全文化理念并形成体系。

2)要宣贯好安全文化理念

(1)通过一定的手段(讲座、黑板报、企业内部报、培训班、竞赛活动等)对职工进行生产作业安全技术知识、专业安全技术知识等教育及宣传,加强其自我保护意识。

(2)通过各种形式的安全活动,逐步形成企业安全文化的浓厚氛围,创造安全需求环境(如多开展一些安全事故仿真演习、危险源地带的应急演练、企业内部报上开设安全文化专栏等)。

(3)在生产淡季,多组织一些活动,如组织现场危险源、危害因素辨识,相关的技能比赛,事故应急预演,相关抢救方法培训等,不断提高业务技能,增强工作责任感,充分掌握正确操作方法。通过这些活动,使全体员工逐步实现从"要我安全"转变为"我要安全"的思想跨越,进一步升华到"我会安全"的境界。

3)要固化好安全文化理念

通过本质安全智慧化管理平台将企业的安全文化、安全宣传等安全文化观念,以有趣、生动多样的形式进行宣传,让企业员工更容易接受和学习,要将安全文化理念让职工处处能看见、时时有提醒。建立全员安全的安全观和意识流,形成科学的态度、理念和认知。

2.1.2.2 安全制度文化体系

安全制度文化是企业安全生产运作保障机制的重要组成部分,是企业安全理念文化的物化体现。安全制度文化体系是由企业为了安全生产及其经营活动,长期执行的较为完善的为保障人和物安全而形成的各种安全规章制度、操作规程、防范措施、安全教育培训制度、安全管理责任制度以及相关的企业规章制度等组成,也包括安全生产法律、法规、条例及有关的安全卫生技术标准等。建设好安全制度文化体系,可采取以下措施:

(1)建立健全企业全员安全生产责任制。按照《指南》及有关安全生产法律法规的要求,形成涵盖整个项目建设周期的安全管理责任清单,做到全员、全过程、全方位安全责任化,建立和完善横向到边、纵向到底的安全责任体系。

(2)推行动态管理。以安全标准化编码为核心,结合分部分项工程的施工进度,划分进度节段,对应每一节段形成标准安全管理行为,同时通过填报生产任务单形成与施工进度相对应的安全管理标准行为,实现对安全工作的提醒和指引,达到动态管理,有效杜绝安全监管漏洞。

(3)发挥思想政治工作的核心作用。规范安全生产例会、安全生产活动日和安全生产活动月、安全检查、安全教育、事故调查、事故报告和总结等安全活动的开展。

(4)建立健全应急管理措施。建立健全应对各种突发性事故、外来事故和重大事件处理和抢救的应急预案,组织制订并实施安全事故应急救援预案,逐步完善危险源,特别是重大危险源的安全管理、监控措施和报警设施等,从源头上把住安全生产关,层层构筑安全生产的一道道防线。

(5)KPI 考核评价体系。以安全生产管理职责为参考,建立责任清单,结合各自的岗位要求、年度工作目标和年度、季度、月度等相应的安全生产工作计划以及上级管理部门或领导的考核要求,任务目标等来建立 KPI 绩效考核评价体系。

2.1.2.3 安全行为文化体系

安全行为文化指在安全观念文化指导下,人们在生产过程中的安全行为准则、思维方式、行为模式的表现。安全行为文化建设包括决策层、管理层和执行层的安全行为建设:

(1)全员安全承诺,倡导安全自律。推行全员安全承诺制,安全承诺不仅是人们做出的口头和书面保证,也是一种态度,是人们为保护生命安全与健康,保障安全生产、生活与生存目标的实现所持的一种态度。通过安全承诺,倡导员工实现自律、自责、自管,这也是安全文化建设的最高境界。

(2)规范安全行为,强化自觉意识。通过智慧化管理平台的安全生产责任体系和安全管理行为标准库等功能,规范员工行为,解决"谁去做"的问题、解决"做什么"的问题、解决"怎么做"的问题,通过立标杆、明标准、明责任、严考评,促进全员安全素质的提高。

(3)全员安全培训,提升安全素质。通过对各类人员进行安全知识、安全意识和安全技能的职业教育和训练,使相关从业人员拥有良好的安全素质,以此来提高企业整体的安全水平,降低事故发生的概率和事故发生时的严重程度。

(4)推行激励机制,实现能动文化。全员安全激励,对在安全生产活动中表现优秀的任何个人及单位进行物质或精神上的奖励。创建安全生产示范岗,以真实的、先进的、可模仿的榜样力量,将优秀的安全行为习惯、管理模式等放在聚光灯下,达到提升个体安全素质、弘扬主流安全文化观念的目的。

2.1.2.4　安全物态文化体系

企业安全物态文化是指整个生产经营活动中所使用的保护员工身心安全与健康的安全器物和员工在生产过程中的良好环境氛围。构建安全物态文化体系可采取如下措施:

(1)建立风险管控及隐患排查的双重预防机制。通过强化安全风险分级管控,从源头上消除、降低或控制相关风险,进而降低事故发生的可能性和后果的严重性。通过隐患排查治理工作,查找风险管控措施的失效、缺陷或不足,采取措施予以整改。同时,分析、验证各类危险有害因素辨识评估的完整性和准确性,进而完善风险分级管控措施,降低或杜绝事故发生的可能性。通过持续改进,不断完善"双重预防机制",来实现设备、技术系统的本质安全。

(2)建立安全技术标准库。通过标准库明确安全防护的标准、明确各分部分项工程的安全管理要点、明确各分部分项工程的安全技术标准。以树立标准样板和提供建议等方式,从根本上解决物态的本质安全问题。

(3)进行机械设备管理。根据现行行业标准规范及行业先进经验汇编机械设备安全操作规程,并对机械设备从登记、使用到检查、维护、保养的全过程进行管理,保证机械设备的安全使用。

(4)核心理念实化于物。通过简捷、清晰、明确、易懂的符号化、视觉化、标准化使受众的个人行为变成一种群体的、规范的安全行为。根据工作场所、工作类型的不同,对办公用品、员工服装、空间环境与导向系统、广告宣传、交通运输进行安全理念形象化设计,让安全文化深入人心。

2.1.3　安全文化展示栏目

为体现安全文化理念,增强本质安全文化软实力,提升企业凝聚力,打造以人为本的安全管理体系,基于安全文化建设框架建立安全文化展示栏目。安全文化展示栏目作为本质安全管理平台中安全管理人员分享、学习和交流的园地,可以直接或间接地提升安全管理人员的安全观念和安全管理经验,通过相互分享将安全管理理念进行传播,通过学习提升安全管理能力。

1) 事故案例分享(图 2-1)

通过安全管理人员分享典型的事故案例,供大家学习和讨论,从管理中吸取教训并进行自查自纠,举一反三地进行安全管理方法的调整,不断提升管理人员的重视程度,完善管理人员的管理理念。

图 2-1　本质安全管理平台事故案例分享

2) 安全文化宣传(图 2-2)

安全文化宣传主要是上传、推送安全文化教育、宣传内容,提供企业或者项目文化的相关宣传、科教内容供大家浏览、学习了解企业发展,了解项目管理最新动态,使相关管理人员具有归属感、荣誉感,将个人的发展与行为与企业的愿景相统一,提升企业文化感染力,培养一批具有认同感和愿意为企业价值努力奋斗的安全管理人员。

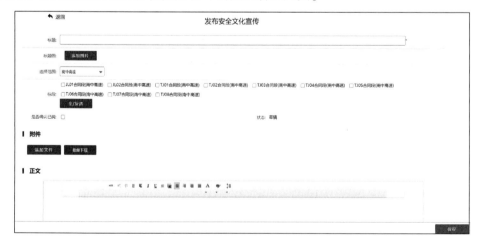

图 2-2　本质安全管理平台安全文化宣传

3)监督举报(图2-3)

监督举报栏作为安全文化组成部分之一,通过匿名或者实名举报,监督了解基层管理人员对企业安全管理的意见和建议,有利于企业决策者提升安全管理能力,有利于加强企业凝聚力,有利于企业长足进步。监督举报版面设计内容包括举报电话、举报邮箱、投诉或者建议内容,同时对"是否实名举报"进行选择。

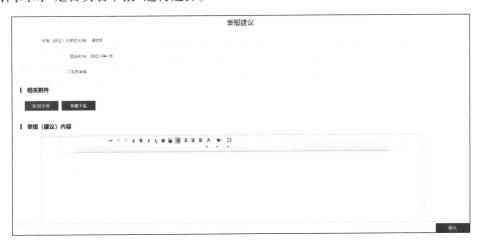

图2-3　监督举报管理

2.1.4　南沙至中山高速公路项目安全文化创建实施案例

2.1.4.1　南沙至中山高速公路项目概况

南沙至中山高速公路,路线总长约36.173km,连接广州、中山、深圳三地,投资额超过200亿元。其中主线长21.748km;万顷沙支线路线长14.425km。主线路线自新隆立交(K0+000)起往东北方向,经过马大丰村,跨越沙港东路(X572)、小榄水道与鸡鸦水道,后经过金瓜围村往东向,从民众镇区南侧通过,与S111相交于民众互通,平行横门水道往东走向,分别相交纵一路于三丰互通、深中通道广珠连接线于保家互通,路线在保家围处转向东北向,依次跨越三宝沥、基沙沥、西沥,接着跨洪奇沥水道,在十四涌与十五涌之间进入南沙区万顷沙镇,最终在百万葵园北侧与南沙港快速路相交于新垦互通,路线长21.748km。万顷沙支线路线起于万顷沙十三涌附近(W3K0+000),与南沙港快速路对接,向南延伸下穿南中特大桥工程主线,并设置福安互通,在洪奇沥水道东岸向南延伸,设置万环西路互通立交与万环西路相接,在洪奇沥水道出海口附近与规划深中通道交与万顷沙互通,路线全长14.425km。

2.1.4.2　安全文化建设思路

1)建设目标

南沙至中山高速公路项目安全文化建设已通过建设产业工人培训中心进行了落地,旨在加强建筑施工安全生产管理，落实企业安全生产主体责任，规范建筑施工安全生产标准化考评工作。通过组织现场劳务人员岗前培训与实训，帮助劳务人员了解国家安全生产有关法律法规和方针政策，以及相关技术标准和技术规范，增强劳务人员安全生产意识，建立安全生产法制观念，掌握并应用建设工程安全生产技术。还可通过建筑行业安全生产人员培训，推动企业贯彻执行建筑施工安全法律法规和标准规范，建立企业和项目安全生产责任制，制订安全管理制度和操作规程，监控危险性较大的工程，排查治理安全生产隐患，形成过程控制、持续改进的安全管理机制。达到事故发生前防范于未然、事故发生中懂得自救、事故发生后损失降至最小的目标。

2）建设规划

产业工人培训中心以高科技展厅的形式，基于项目BIM（建筑信息模型）平台，融合警示、教学、展示等实际需要，为项目打造具有特色的高品质展示、安全、质量、环保、样板培训中心，如图2-4所示。

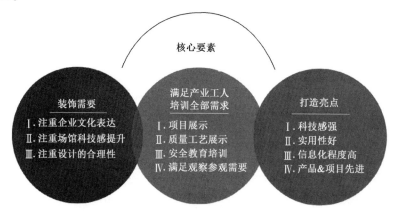

图2-4　产业工人培训中心核心要素图

3）设计思路及创意表现方式

（1）产业工人实训大数据中心。借助大数据、AI（人工智能）、云计算等先进技术对教育、监督、评估等关键管理环节进行管理。

（2）时光长廊。通过具有浩瀚、深邃宇宙风和未来感的时光长廊来记录项目的建设历程。

（3）虚拟场景实操。模拟施工过程中的相关教育、培训、操作场景，增强体验感，同时虚拟场景具有流畅性、真实性、易操作性。

（4）实操实训。在体验馆中建设实际操作台，在教育培训过程中直接进行实操演示培训。

（5）智慧桥梁。运用大数据平台，从生产、运输、安装等环节对桥梁施工进行数据监管，确保建设过程科学、合理。

4）产业工人培训中心建设方案

（1）定制云端中控系统。

通过 iPad、计算机、手机等多种方式对展厅内所有设备进行观察、管理并实施"一键式"控制的中控系统，满足展厅全方面的需求，如图 2-5 所示。

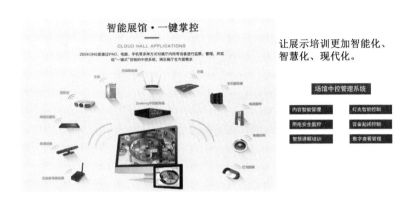

图 2-5　云端中控系统

（2）产业工人实训大数据中心系统架构。

产业工人实训大数据中心系统架构应用服务主要包括安全教育板块、安全监督板块、效果评估板块。主要落实功能有听看学习、认知教学、亲身体验、培训考核、安全行为评价系统、AI 技术智能监管系统、安全综合评价系统、工人安全档案。其系统架构和技术架构如图 2-6 和图 2-7 所示。

图 2-6　系统架构

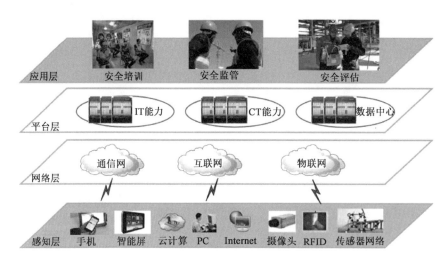

图 2-7 技术架构

(3)建立"2+6"产业工人培训中心。

以 BIM 及云平台全线建设 2 个大型场馆(培训中心广州段、中山段),6 个小型场馆,以点连线,以线带面,全过程、全方位覆盖,实名统筹协调参建各方教育培训工作。

产业工人培训中心员工培训按照信息录入、信息采集、引导培训三个步骤开展,不同于其他培训,以上三个步骤均可自行完成,实现了智能引导。具体表现在:

①信息录入,此环节可在劳务管理服务一体机上自行完成,培训人员进入培训中心可自行录入相关信息,劳务一体机自动生成相关表单并且存档。

②信息采集,信息采集由一套专门体检设备组成,包括收集身高、体重、血压等数据的仪器,工人自行进行体检,数据中心自动采集个人身体信息。

③引导培训,在完成以上步骤的基础上开始教育培训,由智慧接待机器人进行引导,并在展厅中开展相关培训工作,如图 2-8 所示。

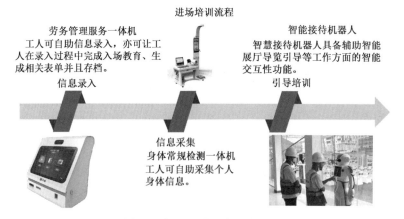

图 2-8 产业工人培训中心培训流程

2.1.4.3 安全文化建设内容

1）健康监测

健康监测一体机,由包括收集身高、体重、血压等数据的仪器组成,通过健康体检,对作业人员身体状况进行检测,并形成数据进行监测,以便管理人员能掌握各作业人员的身体条件,从而安排合理的岗位,如图2-9所示。

2）安全认知教学

产业工人培训中心安全认知教学让作业人员通过安全理论知识、安全操作规程、劳动保护等知识学习,丰富安全作业知识,增强安全意识和自我防范能力,能自主地发现隐患,预测风险,排除险情,防止意料之外事故的发生,来掌握安全生产的主动权。

安全认知内容包括劳保用品安全教学(图2-10)、钢丝绳认知教学(图2-11)、安全辨识及教学(图2-12)、安全标识认知教学(图2-13)、安全用电安全教学、水上作业认知教学(图2-14)、氧气乙炔认知教学、高空作业认知教学(图2-15)、机械设备伤害安全教学等。

图2-9 健康监测系统

图2-10 劳保用品安全教学

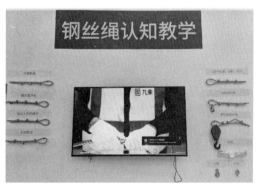

图2-11 钢丝绳认知教学

图2-12 安全辨识及教学

图2-13 安全标识认知教学

图2-14 水上作业认知教学　　　　　图2-15 高空作业认知教学

3）模拟体验教学

模拟体验教学包括雷暴空间模拟体验、虚拟场景漫游等。其中雷暴空间模拟体验是通过一个封闭不透光空间，通过投影仪的方式模拟台风天气下的视觉、声觉效果，通过鼓风机的方式模拟人体在恶劣天气下的触感效果。工人通过独木桥，使用红外对射的装置考核报警。

虚拟场景漫游是利用虚拟骑行漫游软件，通过智能硬件采集室内骑行数据，在大屏幕中呈现南沙至中山高速公路建成后的场景，如图2-16和图2-17所示。

图2-16 雷暴空间模拟体验

图2-17 虚拟场景漫游

4）虚拟场景实际操作

虚拟场景实际操作主要建设内容包括塔式起重机实操体验，多人 VR（虚拟现实）体验，道桥虚拟仿真系统，虚拟焊接与氧气、乙炔体验，多人竞争答题体验，钢筋滚丝机虚拟体验，钢筋笼移动式水平焊接平台，现场急救实操教学，安全用电实操教学，数控钢筋弯箍机实训等，具体如图 2-18～图 2-29 所示。

图 2-18　塔式起重机实操体验

图 2-19　多人 VR 体验　　　　图 2-20　道桥虚拟仿真系统

图 2-21　虚拟焊接与氧气、乙炔体验　　　图 2-22　多人竞争答题体验

图 2-23　钢筋滚丝机虚拟体验

图 2-24　钢筋笼移动式水平焊接平台

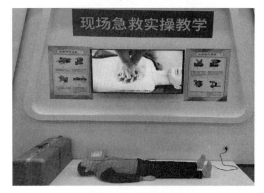

图 2-25　现场急救实操教学

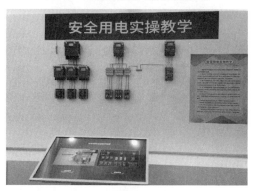

图 2-26　安全用电实操教学

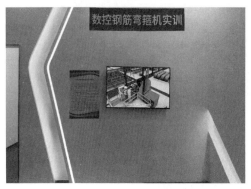

图 2-27　数控钢筋弯箍机实训

图 2-28　实际操作

图 2-29　应急处置培训

5）安全预警警示

安全预警警示及大数据展示屏如图 2-30 和图 2-31 所示。

图 2-30　安全预警警示

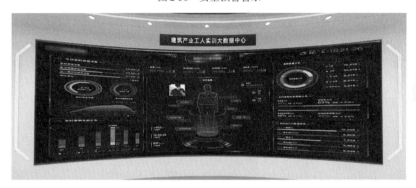

图 2-31　大数据展示屏

6）工艺功法展示

根据项目实际施工工艺,利用 3D 打印、BIM 应用、虚拟仿真技术,以工装保工艺、工艺保质量、质量保安全作为核心思想,通过对工装、工艺的展示,为班组的工法交底提供专业化的平台,助力项目高质量实施。工艺工法展示内容包括连续钢结构施工技术展示、表土固化技术展示、泥浆处理技术展示、护栏围蔽标准化展示、预应力智能张拉压浆技术、桩基超灌检测仪、桩基成孔检测仪、桩基施工技术展示（图 2-32）、墩柱施工技术展示（图 2-33）、砂石分离机系统技术展示（图 2-34）、斜拉桥主塔施工技术展示（图 2-35）等。

图 2-32　桩基施工技术展示　　　　　　　　图 2-33　墩柱施工技术展示

图 2-34　砂石分离机系统技术展示　　　　图 2-35　斜拉桥主塔施工技术展示

7）多功能培训教室

多功能培训教室如图 2-36 所示。

图 2-36　多功能培训教室

8）智慧桥梁监管平台

智慧桥梁监管平台（图 2-37）是基于设计、施工阶段所建立的 BIM 模型，创建项目全信息数据库，用于信息的综合存储与管理，通过互动点击让人们详细全面地了解项目建设内容、施工重难点标段位置，此沙盘涵盖南沙至中山高速公路项目中山境内三个标段，在智慧桥梁系统中切换不同的标段，可联动不同的模型。

图 2-37　智慧桥梁监管平台

9）文化长廊

文化长廊具体如图 2-38～图 2-41 所示。

图 2-38　公司简介

图 2-39　时光隧道

图 2-40　安全发展观宣传

图 2-41　公司发展历史普及

10）室外实际操作训练

室外实操实训广场将现场各关键工序的操作流程和要点通过实体样板予以展示和描述，一方面可对新进场工人进行实操培训，加强工人安全质量意识，确保现场施工满足设计及规范要求，另一方面定期对工人进行培训，可提高工人素质和技术水平，其设计如图 2-42 所示。

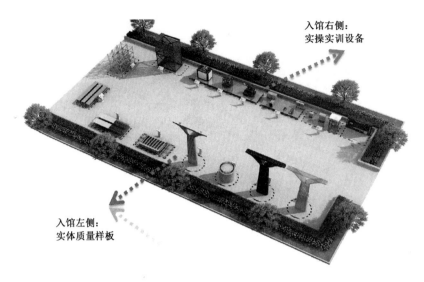

图 2-42 室外实操实训广场设计

2.2 安全生产责任体系

2.2.1 建立安全生产责任体系

本质安全管理旨在落实"安全第一、预防为主、综合治理"的方针和完善"党政同责、一岗双责、齐抓共管、失职追责"安全生产责任体系建设。安全生产责任体系的建立主要包括以下三个阶段：

（1）第一个阶段主要依据法律、法规、工程建设过程相关规定、技术标准及行业标准等识别建设三方各岗位人员的安全生产管理职责，明确各岗位人员在安全管理中扮演的角色；

（2）第二个阶段，为使各岗位人员在安全生产管理过程中将安全管理职责落实到具体的工作中，以岗位职责为主分解出各岗位责任任务清单，作为安全管理工程中的工作任务，将岗位职责落实到位；

（3）第三个阶段主要以岗位任务清单为依据建立各岗位人员指标考核清单，以此来推动、激励落实岗位安全管理职责，同时通过指标考核能反映整个项目安全管理水平，发现管理漏洞、薄弱环节，为下阶段的安全管理工作提供了好的指引，从而实现安全生产责任制的全面落实。

安全生产责任体系架构如图 2-43 所示。

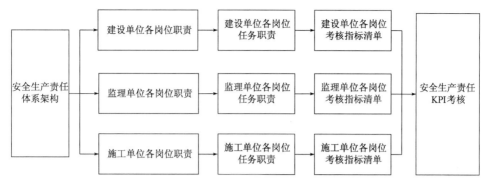

图 2-43　安全生产责任体系架构图

2.2.2　安全管理职责清单

安全生产职责清单主要分为三类：建设单位安全管理职责清单、监理单位安全管理职责清单和施工单位安全管理职责清单。将相关安全生产法律、法规中作为职责清单的分解基础，以人为主线将个人岗位职责按照安全风险评估与预控、安全生产费用、人员与机械设备安全管理、安全培训与文化建设、安全技术管理、安全生产检查、安全生产应急管理、生产安全事故管理、安全管理内业资料管理、评价与改进、制度化管理、职业健康等 12 个要素进行分类划分，形成三方安全管理人员岗位职责清单，主要思路如图 2-44～图 2-46 所示。

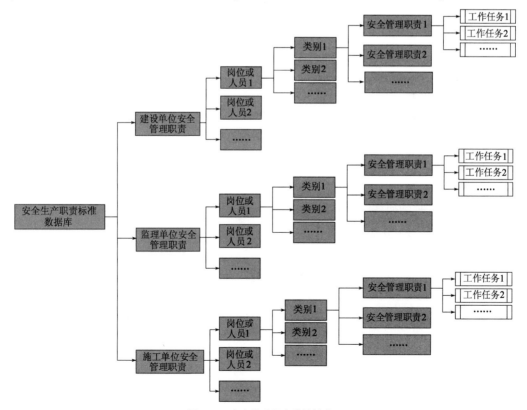

图 2-44　安全管理职责清单的建立

高速公路工程建设本质安全智慧管理与实践

图 2-45　安全管理工作任务在平台中的落实（WEB 版）

图 2-46　安全管理工作任务在平台中的落实（APP 版）

(1) 建设单位管理人员职责清单。

岗位划分为以下 22 类,分别为:项目负责人,分管安全生产负责人,党支部书记,工会主席,总工程师,其他分管负责人,安全生产管理部负责人,专职安全员,工程管理部负责人,工程部副职,土建工程管理员,机电、房建、交安工程管理员,计划合同部负责人,计划合同部成员,征地拆迁部负责人,征地拆迁部成员,综合事务部负责人,综合事务部成员,财务部负责人,财务部成员。

(2) 监理单位管理人员职责清单。

岗位划分为以下 11 类,分别为总监理工程师,副总监理工程师,安全监理工程师,工程管理部负责人,综合管理部负责人,合同管理部负责人,试验工程师,驻地监理工程师,专业监理工程师,监理员,安全监理员。

(3) 施工单位管理人员职责清单。

将施工单位岗位划分为以下 25 类,分别为项目经理,分管安全副经理,分管设备物资副经理,分管经营副经理,总工程师,党支部书记、副书记,安全管理部门负责人,专职安全员,工程技术部负责人,施工技术员,设备管理员,物资管理员,经营部负责人,人力资源部负责人,人力资源部门成员,质检部负责人,质检部部门成员,综合事务部门负责人,综合事务部成员,财务部负责人,财务部成员,施工班组长,班组安全协管员,作业人员。

2.2.3 岗位职责的落实

岗位职责的落实手段主要包括三个方面:

(1) 各人员主动落实职责。各岗位人员根据识别的岗位职责清单明确各自岗位在安全管理过程中需要履行的职责,明确管理范围、管理要求和管理频率,形成主要落实责任的理念。

(2) 本质安全管理平台与安全管理职责的结合。通过系统平台各管理模块的工作任务执行、完成从而落实各自安全管理职责,这也是本质安全管理平台的核心设计理念,以落实安全生产责任制为主线,将责任和业务流程相结合,实现全面落实岗位责任。

(3) KPI 考核机制的建立。通过考核体系识别确定安全管理职责清单中的岗位职责落实情况,根据评级标准为每一位安全管理人员职责落实情况进行打分,从而判断职责的履行情况。考核机制的建立不仅可以掌握各单位、各人员履职情况,同时将考核与奖惩机制挂钩可以促进责任的主动落实,对安全管理具有积极推动作用。

(4) 安全工作计划。安全工作计划库的建立主要是通过安全工作计划的信息推送提前告知具有时间节点的安全管理工作。数据库的建立依据安全管理行为,整理出在安全管理工作中建设、监理和施工单位具有时间约束的部分工作任务清单。根据工作要求设置出时间节点,然后通过在本质安全管理平台中设定截止时间实现提醒功能。此功能的落实可确保工作任务不遗漏,同时能为管理人员整理出部分工作计划,确保安全管理工作如期进行。安全工作计划在本质安全管理平台中的落实(WEB 版)如图 2-47 所示。

图 2-47　安全工作计划在本质安全管理平台中的落实(WEB 版)

2.3　建立 KPI 绩效考核体系

2.3.1　KPI 考核对象

本质安全 KPI 考核对象包括对单位的考核和对人员的考核两大类,其中对单位的考核以参建三方为对象,包括建设单位(管理处)的考核、施工单位的考核、监理单位的考核;对人员的考核以参建三方全体管理人员为考核对象。

(1)建设单位(管理处)人员考核岗位。

建设单位(管理处)人员考核包括的岗位共有 22 类,包括:项目负责人、分管安全生产负责人、党支部书记、工会主席、其他分管负责人、总工程师、安全生产管理部负责人、专职安全员、工程管理部负责人、工程部副职、土建工程管理员、机电、房建、交安工程管理员、计划合同部负责人、计划合同部成员、征地拆迁部负责人、征地拆迁部成员、综合事务部负责人、综合事务部成员、财务部负责人、财务部成员等。

(2)施工单位人员考核岗位。

施工单位人员考核包括的岗位共有 25 类,包括:项目经理、党支部书记、党支部副书记、分管安全生产副经理、分管设备物资副经理、分管经营副经理、项目总工程师、项目副总工程师、安全管理部负责人、专职安全员、工程技术部负责人、施工技术员、设备物资部负责人、设备管理员、物资管理员、经营部负责人、经营部成员、人力资源部负责人、人力资源部成员、质检部负责人、质检部成员、综合事务部负责人、综合事务部成员、财务部负责人、财务部成员等。

(3) 监理单位人员考核岗位。

监理单位人员考核包括的岗位共有 11 类,包括:总监理工程师、副总监理工程师、安全监理工程师、工程管理部负责人、综合管理部负责人、合同管理部负责人(合约监理工程师)、试验工程师、驻地监理工程师、专业监理工程师、监理员、安全监理员等。

本质安全管理体系 KPI 考核体系的建立实现了全员安全管理指标考核,其 KPI 考核体系架构如图 2-48 所示。

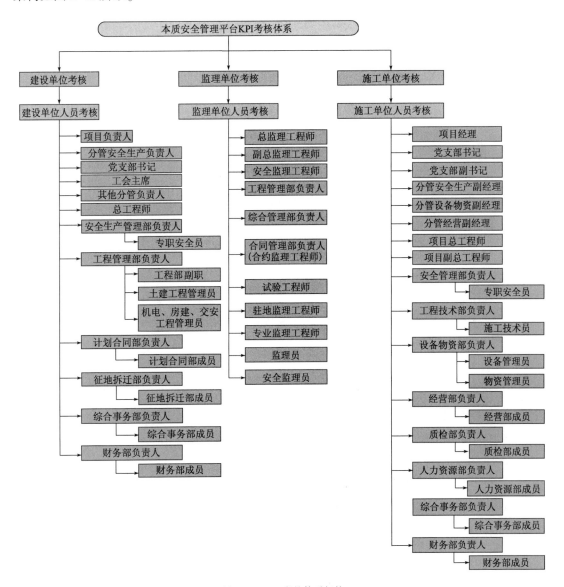

图 2-48 KPI 考核体系架构

2.3.2 考核指标

2.3.2.1 单位考核指标

单位考核指标分为一级指标和二级指标，单位的考核以目标考核为导向，其中一级指标以安全生产标准化的核心要素为依据，主要选取了目标职责、制度化管理、教育培训、现场管理、安全风险管控及隐患排查治理、应急管理、事故管理等指标。二级指标以各单位需落实的管理目标为考核指标。

2.3.2.2 人员考核指标

人员考核指标分为一级指标和二级指标，根据建设单位、施工单位、监理单位管理角度的不同，在指标选取时侧重点不同，以便使指标的选取更加合理。

1）建设单位（管理处）人员考核指标选取

建设单位（管理处）人员考核指标分为一级指标和二级指标，其中一级指标以建设单位（管理处）安全管理内容为依据进行选取，主要包括：安全培训与文化建设、安全生产检查、安全生产应急管理、生产安全事故管理、制度化管理、安全生产费用管理、评价与改进、安全风险评估与预控、安全技术管理、安全生产内业资料管理等十类指标，而在针对具体岗位人员时，应根据人员职责的不同，进行一级指标的动态调整，实现有针对性的指标选取。同理，二级指标的确定在一级指标确定的基础上，以落实安全生产责任制为目的，根据各岗位人员职责（工作任务）进行确定。

2）施工单位人员考核指标选取

施工单位人员考核指标分为一级指标和二级指标，其中一级指标以建设单位（管理处）安全管理内容为依据进行选取，主要选取了与其管理范围对应的安全培训与文化建设、安全生产检查、安全生产应急管理、生产安全事故管理、制度化管理、安全生产费用管理、评价与改进、安全风险评估与预控、安全技术管理、安全生产内业资料管理、人员与机械设备管理等十一类指标，而在针对具体岗位人员时，应根据人员职责的不同，进行一级指标的动态调整，实现有针对性的指标选取。同理，二级指标的确定在一级指标确定的基础上，以落实安全生产责任制为目的，根据各岗位人员职责（工作任务）进行确定。

3）监理单位人员考核指标选取

监理单位人员考核指标分为一级指标和二级指标，其中一级指标以建设单位（管理处）安全管理内容为依据进行选取，主要选取了与其管理范围对应的安全培训与文化建设、安全生产检查、安全生产应急管理、生产安全事故管理、制度化管理、安全生产费用管理、评价与改进、安全风险评估与预控、安全技术管理、安全生产内业资料管理等十类指标，而在针对具体岗位人员时，应根据人员职责的不同，进行一级指标的动态调整，实现有针对性的指标选取。

同理,二级指标的确定在一级指标确定的基础上,以落实安全生产责任制为目的,根据各岗位人员职责(工作任务)进行确定。

2.3.3 KPI考核实施

2.3.3.1 建立评语集

根据安全生产管理要求和指标考核的需要,考核体系实行百分制考核,确定每条二级指标满分为100分,同时建立考核评语等级为四级,其中当考核总分为90~100时评语等级为优,考核总分为80~90时评语等级为良,考核总分为70~80时评语等级为中,考核总分为0~70时评语等级为差。

2.3.3.2 建立考核表

1)三方单位KPI考核表模板

为落实建设、施工、监理单位KPI考核体系,根据三方考核指标选取情况,特建立如表2-1所示的考核表模板,其中考核一级指标共七类。

三方单位 KPI 考核表模板　　　　　　表 2-1

序号	一级指标(A)	权重	二级指标(B)	得分或扣分标准	权重	应得分	实得分	考核得分
1	目标职责	A_1			B_1	100		
					…	100		
					B_n	100		
2	制度化管理	A_2			B_1	100		
					…	100		
					B_n	100		
3	教育培训	A_3			B_1	100		
					…	100		
					B_n	100		
4	现场管理	A_4			B_1	100		
					…	100		
					B_n	100		
5	安全风险管控及隐患排查治理	A_5			B_1	100		
					…	100		
					B_n	100		
6	应急管理	A_6			B_1	100		
					…	100		
					B_n	100		

续上表

序号	一级指标（A）	权重	二级指标（B）	得分或扣分标准	权重	应得分	实得分	考核得分
7	事故管理	A_7			B_1	100		
					…	100		
					B_n	100		
总分								
考核等级								

注：考核类别每一类总分为100，考核等级按照总分划分为：1. 优[90,100]；2. 良[80,90)；3. 中[70,80)；4. 差[0,70)。

2）建设单位（管理处）、监理单位人员KPI考核表模板

根据指标选取可知，建设单位（管理处）和监理单位人员考核指标选取范围一致，因此考核表建立形式相同，共考核一级指标十类，如表2-2所示。

建设单位（管理处）、监理单位人员KPI考核表模板　　　　表2-2

序号	一级指标（A）	权重	二级指标（B）	得分或扣分标准	权重	应得分	实得分	考核得分
1	安全培训与文化建设	A_1			B_1	100		
					…	100		
					B_n	100		
2	安全生产检查	A_2			B_1	100		
					…	100		
					B_n	100		
3	安全生产应急管理	A_3			B_1	100		
					…	100		
					B_n	100		
4	生产安全事故管理	A_4			B_1	100		
					…	100		
					B_n	100		
5	制度化管理	A_5			B_1	100		
					…	100		
					B_n	100		
6	安全生产费用管理	A_6			B_1	100		
					…	100		
					B_n	100		
7	评价与改进	A_7			B_1	100		
					…	100		
					B_n	100		

续上表

序号	一级指标（A）	权重	二级指标（B）	得分或扣分标准	权重	应得分	实得分	考核得分
8	安全风险评估与预控	A_8			B_1	100		
					…	100		
					B_n	100		
9	安全技术管理	A_9			B_1	100		
					…	100		
					B_n	100		
10	安全生产内业资料管理	A_{10}			B_1	100		
					…	100		
					B_n	100		
总分								
考核等级								

注：考核类别每一类总分为100，考核等级按照总分划分为：1.优[90,100]；2.良[80,90)；3.中[70,80)；4.差[0,70)。

3）施工单位人员KPI考核表模板

为落实施工单位人员KPI考核体系，根据施工单位人员考核指标选取情况，特建立如表2-3所示的考核表模板，共考核一级指标十一类。

施工单位人员KPI考核表模板　　　　表2-3

序号	一级指标（A）	权重	二级指标（B）	得分或扣分标准	权重	应得分	实得分	考核得分
1	安全培训与文化建设	A_1			B_1	100		
					…	100		
					B_n	100		
2	安全生产检查	A_2			B_1	100		
					…	100		
					B_n	100		
3	安全生产应急管理	A_3			B_1	100		
					…	100		
					B_n	100		
4	生产安全事故管理	A_4			B_1	100		
					…	100		
					B_n	100		
5	制度化管理	A_5			B_1	100		
					…	100		
					B_n	100		
6	安全生产费用管理	A_6			B_1	100		
					…	100		
					B_n	100		

续上表

序号	一级指标（A）	权重	二级指标（B）	得分或扣分标准	权重	应得分	实得分	考核得分
7	评价与改进	A_7			B_1	100		
					…	100		
					B_n	100		
8	安全风险评估与预控	A_8			B_1	100		
					…	100		
					B_n	100		
9	安全技术管理	A_9			B_1	100		
					…	100		
					B_n	100		
10	安全生产内业资料管理	A_{10}			B_1	100		
					…	100		
					B_n	100		
11	人员与机械设备管理	A_{11}			B_1	100		
					…	100		
					B_n	100		
总分								
考核等级								

注：考核类别每一类总分为100，考核等级按照总分划分为：1.优[90,100]；2.良[80,90)；3.中[70,80)；4.差[0,70)。

以上单位和人员的KPI考核采用计算期望值的方法对各指标进行计算，计算结果与评语集对应得出考核等级。

4）KPI考核在本质安全管理平台的落实

平台中的KPI考核是落实绩效考核管理的重要手段，KPI考核管理模块通过全员责任制落实情况，根据考核表对全员进行责任制落实考核，是提升人因本质安全和强化管理本质安全的重要体现，如图2-49和图2-50所示。

图2-49　人员和单位考核（WEB版）

图 2-50 "管""监"分离考核(WEB 版)

第3章　强化管理本质安全化能力

3.1　安全生产管理制度

3.1.1　法律法规清单

建设、监理、施工单位应在开工前识别适用的安全生产法律、行政法规、部门规章、地方法规、地方规章和相关标准、规范性文件，并建立清单，每半年更新。本质安全管理平台落实法律法规清单，如图3-1和图3-2所示。

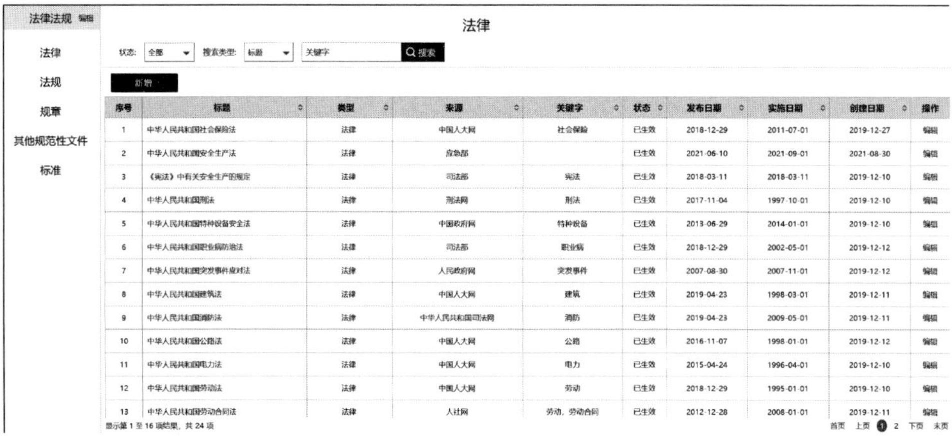

序号	标题	类型	来源	关键字	状态	发布日期	实施日期	创建日期	操作
1	中华人民共和国社会保险法	法律	中国人大网	社会保险	已生效	2018-12-29	2011-07-01	2019-12-27	编辑
2	中华人民共和国安全生产法	法律	应急部		已生效	2021-06-10	2021-09-01	2021-08-30	编辑
3	《宪法》中有关安全生产的规定	法律	司法部	宪法	已生效	2018-03-11	2018-03-11	2019-12-10	编辑
4	中华人民共和国刑法	法律	刑法网	刑法	已生效	2017-11-04	1997-10-01	2019-12-10	编辑
5	中华人民共和国特种设备安全法	法律	中国政府网	特种设备	已生效	2013-06-29	2014-01-01	2019-12-10	编辑
6	中华人民共和国职业病防治法	法律	司法部	职业病	已生效	2018-12-29	2002-05-01	2019-12-12	编辑
7	中华人民共和国突发事件应对法	法律	人民政府网	突发事件	已生效	2007-08-30	2007-11-01	2019-12-12	编辑
8	中华人民共和国建筑法	法律	中国人大网	建筑	已生效	2019-04-23	1998-03-01	2019-12-11	编辑
9	中华人民共和国消防法	法律	中华人民共和国司法网	消防	已生效	2019-04-23	2009-05-01	2019-12-11	编辑
10	中华人民共和国公路法	法律	中国人大网	公路	已生效	2016-11-07	1998-01-01	2019-12-12	编辑
11	中华人民共和国电力法	法律	中国人大网	电力	已生效	2015-04-24	1996-04-01	2019-12-10	编辑
12	中华人民共和国劳动法	法律	中国人大网	劳动	已生效	2018-12-29	1995-01-01	2019-12-10	编辑
13	中华人民共和国劳动合同法	法律	人社网	劳动，劳动合同	已生效	2012-12-28	2008-01-01	2019-12-11	编辑

图3-1　本质安全管理平台落实法律法规清单(WEB版)

3.1.2　建设单位安全生产管理制度

建设单位安全生产管理制度包括但不限于以下制度：全员安全生产责任制及考核奖惩制度，安全生产会议制度，安全生产机构设置与人员配备制度，安全风险辨识、评估与分级管控制度，安全生产费用管理制度，安全生产教育培训制度，安全生产检查制度，生产安全事故隐患督促整改制度，生产安全事故管理制度，安全生产内业资料管理制度，"平安工地"建设评价制度，如表3-1所示。

第3章 强化管理本质安全化能力

图 3-2 本质安全管理平台落实法律法规清单（APP 版）

建设单位安全生产管理制度的主要内容　　　　表 3-1

序号	制度	主要内容
1	全员安全生产责任制及考核奖惩制度	应明确全员安全生产责任、考核标准、考核实施及奖惩等内容
2	安全生产会议制度	应明确会议频次、内容、参会人员、会议决定事项跟踪等内容
3	安全生产机构设置与人员配备制度	应明确机构设置、人员配备标准、人员资质要求等内容
4	安全风险辨识、评估与分级管控制度	应明确风险（危险）源辨识与评估、管理与控制、风险告知、重大危险源管理等内容
5	安全生产费用管理制度	应明确费用提取、使用范围、计量支付方式、审批流程、使用监督、变更、台账记录等内容
6	安全生产教育培训制度	应明确教育培训的职责分工、培训对象、内容、学时、频次、效果评价、台账记录等内容
7	安全生产检查制度	应明确检查的类别、方式、内容、频次、整改流程、结果应用等内容
8	生产安全事故隐患督促整改制度	应明确隐患督促整改的职责分工、管理流程等内容
9	生产安全事故管理制度	应明确事故的报告、应急救援、统计分析、内部调查和责任追究等内容
10	安全生产内业资料管理制度	应明确内业资料的归档类别、归档内容、归档部门等内容
11	"平安工地"建设评价制度	应明确"平安工地"建设评价（含开工前安全生产条件核查）的职责分工、实施步骤、评价标准、结果运用、台账记录等内容

3.1.3 监理单位安全生产管理制度

监理单位安全生产管理制度包括但不限于以下制度:全员安全生产责任制及考核奖惩制度,安全生产会议制度,安全生产费用审查制度,特种作业人员、特种设备核查监督制度,安全生产教育培训制度,危险性较大工程监理制度,安全生产检查制度,生产安全事故隐患督促整改制度,生产安全事故报告制度,安全生产内业资料管理制度,"平安工地"建设评价制度,如表 3-2 所示。

监理单位安全生产管理制度的主要内容　　表 3-2

序号	制度名称	主要内容
1	全员安全生产责任制及考核奖惩制度	应明确全员安全生产责任、考核标准、考核实施及奖惩等内容
2	安全生产会议制度	应明确会议频次、内容、参会人员、会议决定事项跟踪等内容
3	安全生产费用审查制度	应明确费用计量审查的职责分工、审查程序、审查要求、台账记录等内容
4	特种作业人员、特种设备核查监督制度	应明确施工单位特种作业人员、特种设备进场报审(验)流程和资料清单,核查程序、日常监督等内容
5	安全生产教育培训制度	应明确教育培训的职责分工、培训对象、内容、学时、频次、效果评价、台账记录等内容
6	危险性较大工程监理制度	应明确危险性较大工程监理的职责分工、方案审查程序、方案实施过程监督、台账记录等内容
7	安全生产检查制度	应明确检查的类别、方式、内容、频次、整改流程、结果应用等内容
8	生产安全事故隐患督促整改制度	应明确隐患督促整改的职责分工、管理流程等内容
9	生产安全事故报告制度	应明确事故报告的职责分工、报送程序、时限等内容
10	安全生产内业资料管理制度	应明确内业资料的归档类别、归档内容、归档部门等内容
11	"平安工地"建设评价制度	应明确对施工单位开展安全生产条件核查和"平安工地"建设评价的职责分工、核查(复核)程序、核查(复核)标准、复核结果报送、台账记录等内容

3.1.4 施工单位安全生产管理制度

施工单位在开工前制定本合同段安全生产管理制度,包括但不限于以下制度:全员安全生产责任制及考核奖惩制度,安全生产会议制度,安全风险辨识、评估与分级管控制度,安全生产费用管理制度,劳动用工实名登记制度,劳动防护用品配备和管理制度,特种作业人员管理制度,施工机械设备安全管理制度,施工单位项目主要负责人带班制度,安全生产教育培训管理制度,"平安班组"建设制度,施工安全技术交底制度,危险性较大工程管理制度、生产安全事故隐患排查治理制度,安全生产检查制度,生产安全事故管理制度,安全生产内业资料管理制度,施工现场消防安全责任制度,危险品管理制度,施工作业操作规程,专业分包(劳务合作)单位安全管理评价制度,"平安工地"建设评价制度,安全生产奖惩制度,如表 3-3 所示。

第3章 强化管理本质安全化能力

施工单位安全生产管理制度的主要内容 表3-3

序号	制度名称	主要内容
1	全员安全生产责任制及考核奖惩制度	应明确全员安全生产责任、考核标准、考核实施及奖惩等内容
2	安全生产会议制度	应明确会议频次、内容、参会人员、会议决定事项跟踪等内容
3	安全风险辨识、评估与分级管控制度	应明确风险(危险)源辨识与评估、管理与控制、风险告知、重大危险源管理等内容
4	安全生产费用管理制度	应明确费用计划(清单)编制、费用支取申报程序、台账记录等内容
5	劳动用工实名登记制度	应明确用工登记编码规则、登记信息、登记程序、信息化和动态管理要求等内容
6	劳动防护用品配备和管理制度	应明确劳动防护用品的配备标准、用品的采购、验收、发放登记、使用要求、使用监督等内容
7	特种作业人员管理制度	应明确特种作业人员的进场考核、岗前培训、继续教育、人员登记台账等内容
8	施工机械设备安全管理制度	应明确机械设备管理的职责分工,设备的安装、验收、使用、检查、保养维修管理要求、台账记录等内容
9	施工单位项目主要负责人带班制度	应明确项目主要负责人带班计划、带班内容、带班管理程序、台账记录等内容
10	安全生产教育培训管理制度	应明确教育培训的职责分工,培训对象、内容、学时、频次、效果评价、台账记录等内容
11	"平安班组"建设制度	应明确"平安班组"建设的职责分工、实施要求、检查评价、奖惩、台账记录等内容
12	施工安全技术交底制度	应明确交底的通知书编制、交底实施、过程监督、台账记录等内容
13	危险性较大工程管理制度	应明确危险性较大工程的清单制定、专项施工方案的编审批、专项方案的实施、台账记录等内容
14	生产安全事故隐患排查治理制度	应明确隐患的排查方式、频次、治理程序、治理要求,重大事故隐患的清单建立、排查治理等内容
15	安全生产检查制度	应明确检查的类别、方式、内容、频次、整改流程、结果应用等内容
16	生产安全事故管理制度	应明确事故的报告、应急救援、统计分析、内部调查和责任追究等内容
17	安全生产内业资料管理制度	应明确内业资料的归档类别、归档内容、归档部门等内容
18	施工现场消防安全责任制度	应明确现场消防安全管理职责分工、责任区域划分、器材配备台账建立、检查维护记录要求等内容
19	危险品管理制度	应明确施工现场用火、用电、使用危险品的管理程序、管理要求和责任分工、台账记录等内容
20	施工作业操作规程	应明确施工各工序、工种的具体操作要领
21	专业分包(劳务合作)单位安全管理评价制度	应明确专业分包(劳务合作)单位安全生产条件、安全生产管理责任、评价内容和标准、评价方式和频次、评价实施、结果应用、奖惩等内容
22	"平安工地"建设评价制度	应明确开工前安全生产条件自评、"平安工地"建设自评的职责分工、自评程序、自评结果报送、台账记录等内容
23	安全生产奖惩制度	应明确安全生产奖惩条件和方式、结果应用、台账记录等内容

3.2 安全风险管理

3.2.1 风险识别

安全风险是发生特定危险事件的可能性与后果的结合,目前公路工程施工安全风险评估主要有两种方法:

(1)第一种以《公路桥梁和隧道工程施工安全风险评估指南》和《高速公路路堑高边坡工程施工安全风险评估技术指南》为依据,对桥梁、隧道、高边坡等进行总体和专项风险评估,评价结果分为低度风险(Ⅰ级)、中度风险(Ⅱ级)、高度风险(Ⅲ级)、极高风险(Ⅳ级)。

(2)第二种按照《公路水路行业安全生产风险辨识评估管控基本规范(试行)》为依据,评价结果分为较小风险、一般风险、较大风险、重大风险。

虽然两种评价方法得到的风险等级在表述上存在差异,但风险分级管控的理念并不矛盾,为了实现统一的分级管控,两种评价方法得到的风险等级从高到低统一用红、橙、黄、蓝来表示,如图3-3所示。

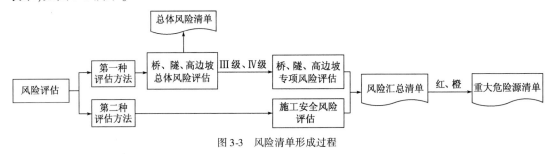

图3-3 风险清单形成过程

3.2.2 风险分级管控

为实现不同等级的风险得到不同层级领导关注的目的,从而充分落实风险的管控措施,在风险管控过程中实现分级管理机制,不仅能确保风险措施的落实,而且可以实现风险信息的有效利用,风险分级管控可遵照表3-4所列原则进行。

风险级别推送路径表　　表3-4

风险级别	管控级别
低度风险(蓝)	施工单位:安全员
中度风险(黄)	施工单位:安全员
高度风险(橙)	施工单位:安全员、安全管理部负责人(到项目经理)、分管安全副经理、项目经理; 监理单位:安全监理工程师(安全专监)、分管安全副总监、总监
极高风险(红)	施工单位:安全员、安全管理部负责人、分管安全副经理、项目经理; 监理单位:安全监理工程师(安全专监)、分管安全副总监、总监; 建设单位:专职安全生产管理人员、土建工程管理员(业主代表)、安全生产管理部门负责人、分管安全生产负责人(分管安全副总)、项目负责人(项目管理处主任)

3.2.3 基于本质安全管理平台风险管理

3.2.3.1 风险清单管理

风险清单管理包括总体风险清单管理、专项风险清单管理和重大风险源清单管理,如图 3-4～图 3-7 所示。根据风险识别方法,当总体风险等级达到高度Ⅲ和极高Ⅳ时对其进行专项风险评估,当风险汇总清单中的风险等级达到红、橙等级时,风险清单条目自动汇总到重大危险源清单中进行重点管理,充分落实风险分级管控理念。

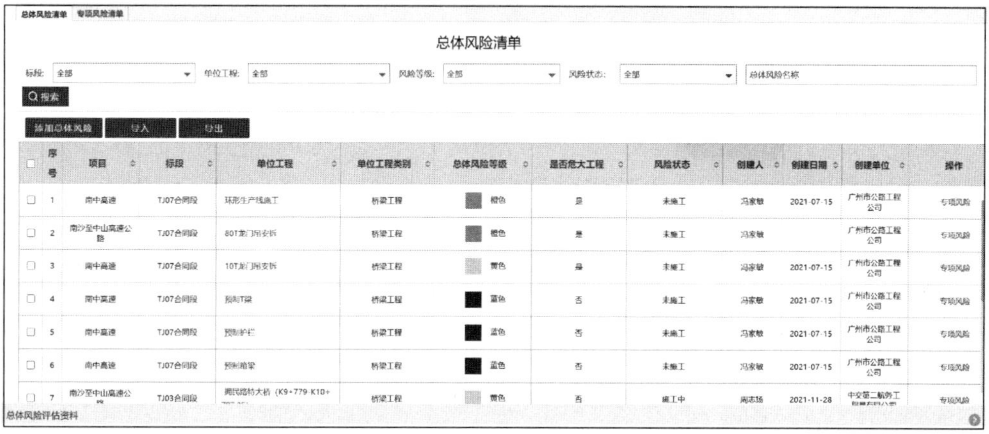

图 3-4 总体风险清单管理(WEB 版)

图 3-5 专项风险清单管理(WEB 版)

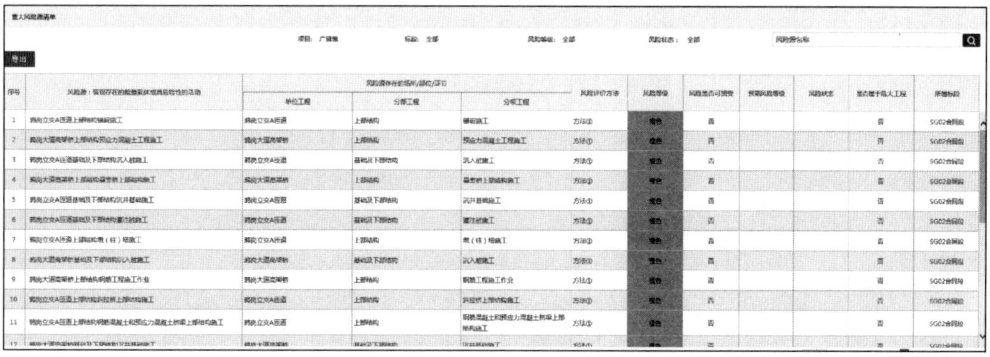

图 3-6 重大风险源清单管理(WEB 版)

图 3-7　本质安全管理平台风险清单管理(APP 版)

3.2.3.2　风险地图管理

在施工管理过程中,现场安全管理依据风险清单库中风险等级分别实施分级管控,针对不同的风险等级采取不同的风险措施。结合 GIS 和 GPS 定位将风险等级在施工现场的分布显示在平台首页,由于角色不同,关注级别和范围不同,因此本质安全管理平台界面风险范围和等级的展示根据岗位职责和角色不同,遵循以下原则:

(1)对于施工标段管理人员,平台展示其标段范围的风险地图;

(2)对于项目负责人,其平台界面显示所管标段的风险分布地图,并将最高风险等级作为项目风险等级;

(3)对于建设单位管理层,平台界面显示项目的风险地图分布,并将最高风险项目作为公司管理风险的最高级别。

3.2.3.3　风险数据统计管理

风险统计分析主要对风险等级、风险数量、风险位置三个维度进行统计分析,分析各项目存在的风险数量及不同等级风险所占的比重,以掌握各项目的风险大小和风险变化。主要包括项目-风险等级(数量)统计、标段-风险等级(数量)统计等,如图 3-8 所示。

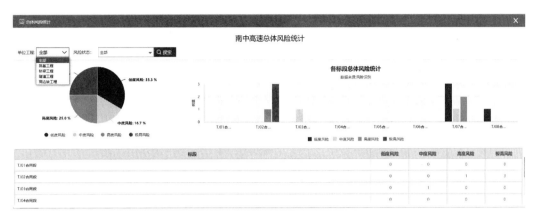

图 3-8　本质安全管理平台风险与数据统计示例图（WEB 版）

3.3　隐患排查与治理管理

3.3.1　安全检查

3.3.1.1　安全检查流程分类

安全生产检查作为隐患排查的主要手段，是日常安全管理活动的主要工作之一，通过安全检查及时发现隐患、及时整改以确保施工活动的正常进行。隐患排查与治理以人为主线，遵循 PDCA 循环，对各岗位人员在安全检查中的职责和任务进行了落实，规范了安全检查管理行为。

（1）建设单位 7 类安全检查分别为：①建设单位不定期检查施工单位；②建设单位定期检查监理单位；③建设单位定期检查施工单位（平安工地检查）；④建设单位开工前核查监理单位；⑤建设单位开工前核查施工单位；⑥建设单位安全管理人员日常检查；⑦建设单位工程管理人员日常检查。

（2）监理单位 7 类安全检查分别为：①监理单位定期检查；②监理单位分项工程开工前安全生产条件核查；③监理单位复工检查；④监理单位开工前安全生产条件核查；⑤专业监理工程师日常检查；⑥安全监理工程师日常巡查；⑦专控工序安全验收。

（3）施工单位 8 类安全检查分别为：①不定期检查；②定期检查；③分项工程开工自检；④复工检查；⑤开工自检；⑥重大事故隐患排查；⑦施工技术人员日常检查；⑧专职安全员日常检查。

3.3.1.2　安全检查流程

三方安全检查流程基本相似，不同之处在于检查类型的不同使得流程在岗位之间的流转不同，隐患排查与治理流程如图 3-9 所示。

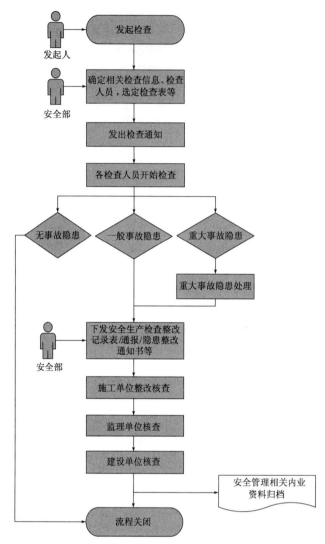

图 3-9 隐患排查与治理流程

3.3.2 隐患数据库的建立

1）隐患数据库分类

隐患数据库的建立主要通过隐患排查实现，通过平台中的隐患排查功能将安全管理过程中发现的隐患存入数据云端形成隐患数据库。在隐患数据库形成之前首先对数据库进行设计，隐患数据库分为一般隐患数据库和重大事故隐患数据库。数据库的分类设计主要是由对一般隐患数据库的分类进行确定，为结合工程实际，一般隐患数据库的分类如表 3-5 所示，共 12 大类，66 小类。

2）隐患数据库示例

依据建立好的数据库分类，系统自动将不断积累的隐患条目按照所属类别归类到对应的工程分类中，如表 3-6 所示。

第 3 章　强化管理本质安全化能力

隐患类别分类　　　　　　　　　　　　　　　　　　　　　　　　　　　　　表 3-5

序号	工程类别	施工类别	序号	工程类别	施工类别
1	工程管理	1. 资质证照； 2. 安全生产管理机构及人员； 3. 安全生产管理制度； 4. 施工组织设计； 5. 专项施工方案； 6. 安全操作规程； 7. 教育培训； 8. 技术交底； 9. 风险预控； 10. 临时用电； 11. 安全生产管理档案； 12. 安全生产投入； 13. 应急管理； 14. 特种设备管理； 15. 职业卫生管理； 16. 相关方管理； 17. 其他管理	5	路面工程	路面工程
			6	桥梁工程	1. 基础及下部结构； 2. 上部结构预制和安装； 3. 上部结构现场浇筑； 4. 附属工程及桥梁总体； 5. 防护工程； 6. 引道工程
			7	隧道工程	1. 总体及装饰装修； 2. 洞口工程； 3. 洞身工程； 4. 洞身衬砌； 5. 防排水； 6. 路面； 7. 辅助通道
2	辅助施工	1. 工地建设； 2. 围堰施工	8	绿化工程	绿化工程
3	通用作业	1. 现场临时用电； 2. 消防安全； 3. 特种设备； 4. 一般设备及机具； 5. 专用设备设施； 6. 爆破施工； 7. 恶劣环境施工； 8. 跨路跨线施工； 9. 取弃土场； 10. 标志标牌； 11. 个人防护与健康	9	声屏障工程	声屏障工程
			10	交通安全设施	1. 标志、标线、突起路标、轮廓标； 2. 护栏； 3. 防眩设施、隔离栅、防落物网； 4. 里程碑和百米桩； 5. 避险车道
4	路基工程	1. 路基土石方工程； 2. 排水工程； 3. 小桥及符合小桥标准的通道； 4. 人行天桥； 5. 渡槽； 6. 涵洞、通道； 7. 防护支挡工程； 8. 大型挡土墙、组合挡土墙	11	交通机电工程	1. 监控设施； 2. 通信设施； 3. 收费设施； 4. 低压配电设施； 5. 照明设施； 6. 隧道机电设施
			12	附属设施	管理中心、服务区、房屋建筑、收费站、养护工程等设施

隐患数据库示例　　　　　　　　　　　　　　　　　　　　　　　　　　　　　表 3-6

序号	工程类别	施工类别	隐患内容
1			
…			

3.3.3　隐患分级管控

隐患分为一般隐患和重大隐患，在安全管理中重大事故隐患需要停工整改，需要从上到下全员配合，因此重大事故隐患管控级别比较明确，但是在施工安全管理过程中一般事故隐患占事故隐患的比重较大，一般事故隐患之间也有不同程度区分。鉴于此实际情况，提出了隐患分级管控原则：

（1）一般事故隐患：通过判断隐患可能造成的重伤人数，以重伤 3 人作为分类标准，如表 3-7 所示。

一般事故隐患推送级别表　　　　　　　表 3-7

重伤人数	推送级别
重伤 1 人	施工单位：安全员 → 安全管理部负责人 → 分管安全副经理； 监理单位：安全监理工程师（安全专监）→ 分管安全副总监
重伤 2 人	施工单位：安全员 → 安全管理部负责人 → 分管安全副经理 → 项目经理； 监理单位：安全监理工程师（安全专监）→ 分管安全副总监 → 总监； 建设单位：专职安全生产管理人员 → 土建工程管理员（业主代表）→ 安全生产管理部门负责人
重伤≥3 人	施工单位：安全员 → 安全管理部负责人 → 分管安全副经理 → 项目经理； 监理单位：安全监理工程师（安全专监）→ 分管安全副总监 → 总监； 建设单位：专职安全生产管理人员 → 土建工程管理员（业主代表）→ 安全生产管理部门负责人 → 分管安全生产负责人（分管安全副总）→ 项目负责人（项目管理处主任）

（2）重大事故隐患：上报至项目三方所有最高负责人，即施工单位项目经理、监理单位总监理工程师、建设单位项目负责人。

事故隐患从被发现到被推送到对应管理人员的过程中遵循分级推送原则，即隐患从基层管理人员推向高层管理人员过程中只能向上推送一级，不能越级推送，因此上级管理者需要关注的事故隐患来自于下一级管理者的判断推送给上级管理者，这样既避免了上级管理者接收太多的信息量，又能保证上级管理者有重点地对事故隐患进行关注、管理。根据以上原则，建设、监理、施工单位的具体隐患推送路径如图 3-10 ~ 图 3-12 所示。

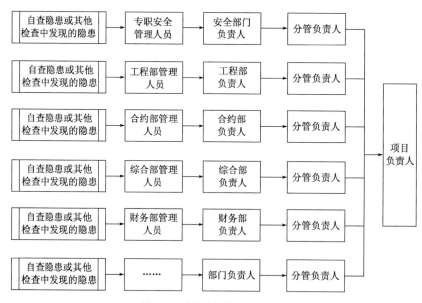

图 3-10　建设单位隐患推送路径

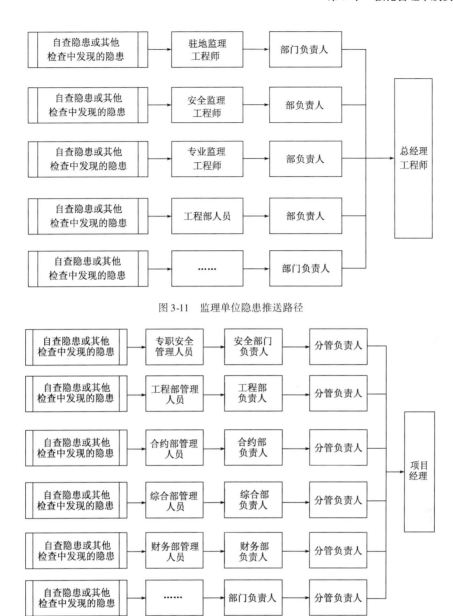

图 3-11　监理单位隐患推送路径

图 3-12　施工单位隐患推送路径

3.3.4　本质安全管理平台隐患排查与治理

1）安全检查计划的制定（图 3-13、图 3-14）

2）隐患排查与治理

平台中的安全检查功能是本质安全管理落实"双重预防体系"、安全管理职责、标准管理流程和数据库功能的重要模块，是落实隐患排查与治理体系的重要保障功能，此功能解决了"不知道怎么做、做到什么标准"的问题，其隐患排查与治理流程如图 3-15 和图 3-16 所示，包括发起检查、检查计划安排、开始检查、开始整改、核查等阶段。

3) 隐患台账管理(图 3-17)

4) 隐患数据统计与分析

通过将各类隐患从横向分类统计、时间维度统计、不同时期数据统计、空间位置等进行统计分析。依据数据统计结果结合管理因素，找出影响数据变化的主要因素，从而提出针对现场安全管理的改进方法或者建议，针对数据规律将管理经验普及到其他项目，从而从整体上提高安全管理水平。

统计图表功能是落实建立隐患数据库的重要体现，通过对隐患大数据进行多维度的统计分析可为管理者提供决策依据。其统计图表功能主要包括隐患统计图(表)、隐患类型统计图(表)、隐患整改情况统计图(表)等，实现了统计图的分层、分级展示，如图 3-18 ~ 图 3-20 所示。

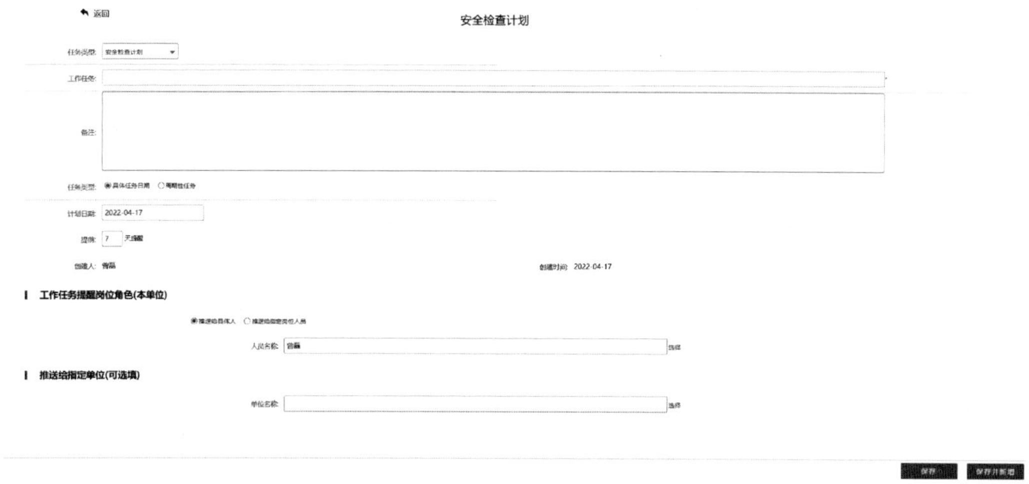

图 3-13 安全检查计划示意图(WEB 版)

图 3-14 安全检查计划台账示意图(WEB 版)

第 3 章　强化管理本质安全化能力

图 3-15　隐患排查阶段示意图（APP 版）

图 3-16　隐患治理阶段示意图（APP 版）

图 3-17　隐患排查与治理台账示意图（WEB 版）

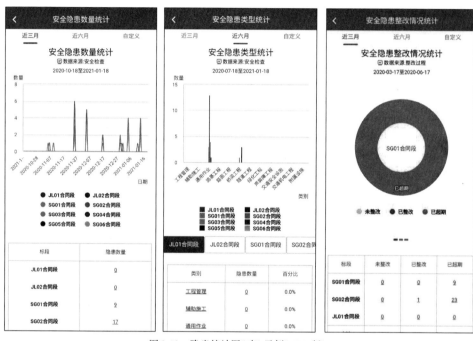

图 3-18　隐患统计图（表）示例（APP 版）

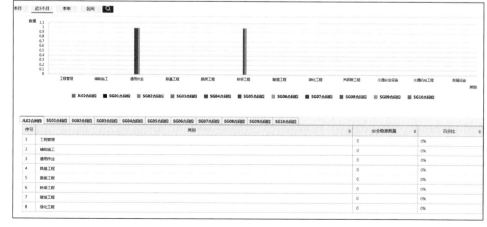

图 3-19　隐患统计图（表）示例（WEB 版）

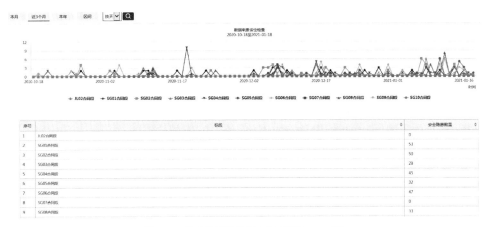

图 3-20　隐患数量统计图(表)示例(WEB 版)

3.4　双重预防机制

3.4.1　双重预防机制概述

安全风险是发生特定危险事件的可能性与后果的结合。事故隐患是指作业场所、设备及设施的不安全状态，人的不安全行为和管理上的缺陷，是引发安全事故的直接原因。风险与隐患既有区别又有联系，风险管控失效形成隐患，隐患得不到及时治理、控制失败容易发生事故。风险、隐患与事故的关系如图 3-21 所示。

安全风险分级管控是隐患排查治理的前提和基础，通过强化安全风险分级管控，从源头上消除、降低或控制相关风险，进而降低事故发生的可能性和后果的严重性。隐患排查治理是安全风险分级管控的强化与深入，通过隐患排查治理工作，

图 3-21　风险、隐患与事故的关系示意图

查找风险管控措施的失效、缺陷或不足，采取措施予以整改，同时，分析、验证各类危险有害因素辨识评估的完整性和准确性，进而完善风险分级管控措施，减少或杜绝事故发生的可能性。安全风险分级管控和隐患排查治理共同构建起预防事故发生的双重机制，构成两道保护屏障，有效遏制重特大事故的发生，如图 3-22 所示。

3.4.2　双重预防机制构建

构建项目层面的双重预防机制的步骤如图 3-23 所示。

(1) 风险辨识：针对建设项目开展安全风险辨识，明确风险点。

（2）制订管控措施：针对风险点，围绕工程技术措施、管理措施、教育培训措施、个人防护措施、应急措施等要素制订相应的管控措施。

（3）落实管控责任：明确责任单位、部门和人员，把风险点落实到个人，做到责任明确。

（4）风险公示公告：在危险所在的位置对其风险点进行现场公示公告，将风险点告知相关人员。

（5）编制安全检查表：根据风险管控阶段制订的风险管控措施编制安全检查表。

（6）开展隐患排查：依据安全检查表开展隐患排查工作。

（7）隐患治理：对安全检查发现的隐患和问题进行整治，能立即整改的立即消除；不能立即整改的要按照责任、人员、时限、资金、措施"五落实"的要求限期整改。

（8）验收销号：对整改完的隐患和问题及时进行验收，一一对应销号并备案。

（9）持续改进：对整个运行的环节做好记录并健全档案，形成 PDCA 循环。同时严格考核奖惩，确保体系正常运转，进而形成长效机制。

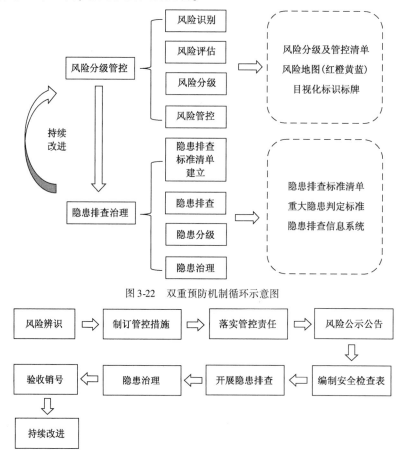

图 3-22 双重预防机制循环示意图

图 3-23 双重预防机制构建步骤示意图

在双重预防机制中，事故隐患排查治理是对安全风险管控的"查缺补漏"，是安全风险分级管控的强化与深入。在建设项目实施过程中，安全管理人员根据安全风险管控数据库提供的风险点信息,对相应的安全风险点进行管控措施落实检查,如发现现场的安全风险管控措施未落实到位,则该风险点就变成了隐患点,检查即是隐患排查。安全管理人员将该隐患信息录入事故隐患数据库,发起隐患治理工作流并在安全管理平台中登记建号。待该隐患整改完成或消除后,则有原检查人员对其进行复核并销号,相关隐患排查治理记录留存系统平台备案,形成事故隐患排查治理档案数据。同时,将相关的隐患治理措施与安全风险管控数据进行对比和改进,促进风险管控措施进一步完善。根据风险分级管控与隐患排查治理之间的关系,设计如图3-24所示的系统运行图,建立了安全技术标准数据库、风险数据库、隐患数据库和隐患排查流程之间的运行关系。

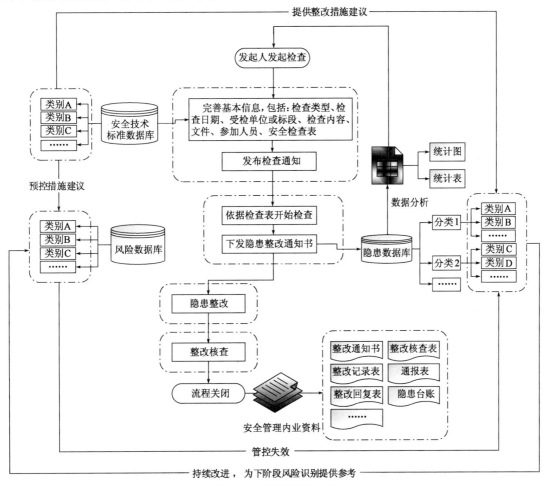

图 3-24 双重预防机制建立

安全技术标准数据库和风险数据库在建立时具有自身的分类,为了实现三个数据库之间数据双向流动和风险与隐患数据库的互相促进、学习、改进,安全技术标准数据库和风险数据库在保持原有分类的基础上按照隐患库的分类进行了关联。安全技术标准数据库智能向风险数据库推送相同类别的预控措施建议,向隐患数据库推送相同类别的整改措施建议,同时风险管控失效形成隐患数据库后,隐患数据库智能反馈下阶段风险识别的参考,保证风险和隐患数据库能持续改进，形成双螺旋的上升体系。隐患数据库通过数据统计为决策者智能推荐下阶段隐患排查的关注点，以此形成动态的双控体系，不断提高安全管理水平。

3.5 安全生产费用管理

3.5.1 安全生产费用使用范围

工程项目安全生产费用是指由建设单位列支，施工单位按照相关规定和标准使用，专门用于设置安全防护设施、落实安全生产措施、改善安全生产条件、加强安全管理等所需的资金。安全生产费用使用范围如下：

(1)设置、完善、改造和维护安全防护设施设备支出(不含按照"三同时"要求初期投入的安全设施)；

(2)配备、维护、保养应急救援器材、设备支出和应急演练支出；

(3)重大风险(危险)源和事故隐患评估、监控和整改支出；

(4)安全生产检查、安全评价、咨询和标准化建设支出；

(5)配备和更新现场作业人员安全防护用品支出；

(6)安全生产宣传、教育培训支出；

(7)安全生产适用的新技术、新标准、新工艺、新装备的推广应用支出；

(8)安全设施及特种设备检测检验支出；

(9)其他与安全生产直接相关的支出。

3.5.2 费用审批管理

施工单位主要根据每一计量周期安全生产费用的使用情况，按照合同文件中的规定，编制安全生产费用计量申请表和下期使用计划，经专职安全生产管理人员、安全生产负责人和项目经理签字后报送监理单位审核，监理单位审核后报送业主单位审核支付安全生产费用。

安全生产费用管理流程结合了《指南》的标准和业主单位的内部管理，主要实现过程包括以下几个阶段：

(1)施工单位专职安全生产管理人员根据现场安全投入申请安全生产费用，编制安全生产费用计量申请表(附相关凭证)和安全生产费用下期使用计划并上传至平台；

(2)安全部负责人和项目经理，签字审核；

(3)监理单位驻地办监理工程师、安全监理工程师、总监分别签字审核；

(4)建设单位工程管理人员、专职安全生产管理人员、安全部负责人、管理处分管领导、管理处负责人分别签字审核；

(5)财务部门收到审核材料，按照数目支付安全生产费用，并建立安全生产费用台账和上传支付凭证；

(6)施工单位收到安全生产费用,关闭流程。

安全生产费用具体申请流程如图 3-25 所示。

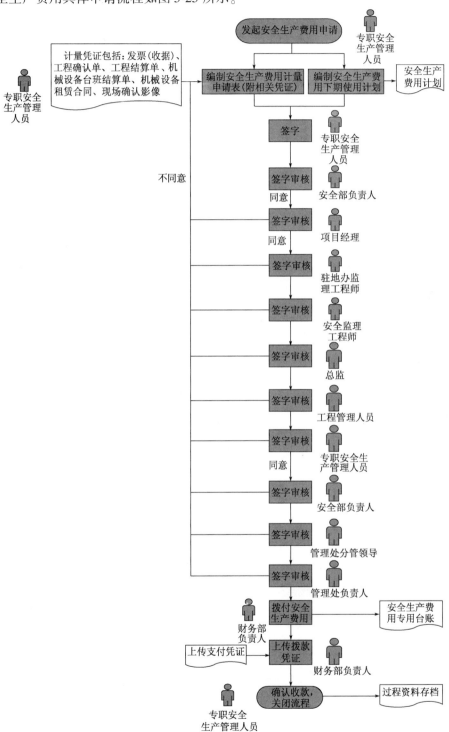

图 3-25　安全生产费用申请流程图

3.5.3 安全生产费用使用管理内容

1)建设单位安全生产费用使用管理内容

(1)定期对施工单位的安全生产费用使用情况进行监督检查。

(2)施工单位未按照合同约定落实安全生产措施的,建设单位可以责令其暂停施工或暂停支付安全生产费用,并要求监理单位督促整改,直至施工单位完成整改。

2)施工单位安全生产费用使用管理内容

(1)制订季度(月度)安全生产费用使用计划,报监理单位审批,同意后实施。

(2)应建立安全生产费用使用台账,附安全生产费用使用环节的监控资料和有关票据凭证等资料。

(3)依法将部分工程分包给分包单位施工的,总包单位应当将安全生产费用按比例直接支付给分包单位,不得拖欠并监督使用,分包单位不再重复提取。分包单位安全生产条件和措施投入不足的应由总承包单位负责配足。安全生产费用不得转嫁由劳务分包单位承担。

3)监理单位安全生产费用使用管理内容

(1)根据施工单位季度(月度)安全生产费用使用计划,对照当月安全生产投入明细表及有关发票、照片、视频等资料,与现场实物逐一核对签认。

(2)及时核实周转性材料、非实物性的安全生产费用支出,并留有图片、视频等资料作为审核计量的依据。

(3)发现施工现场存在事故隐患或施工单位未落实安全生产措施的,应书面要求其整改。发现重大事故隐患时应及时责令施工单位停工整改,待事故隐患排除后方可恢复正常施工,施工单位拒不整改的,监理单位应暂停安全生产费用及工程款的计量,并及时向建设单位报告。

3.5.4 本质安全管理平台费用管理

1)安全生产费用使用计划管理(图 3-26、图 3-27)

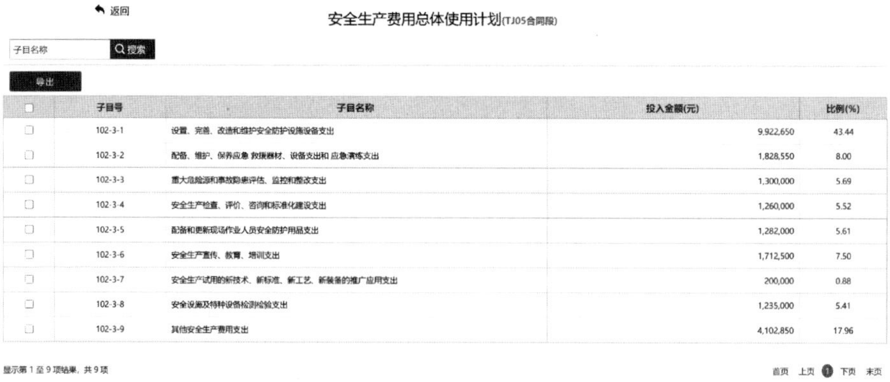

返回

安全生产费用总体使用计划(TJ05合同段)

子目名称 搜索

导出

子目号	子目名称	投入金额(元)	比例(%)
102-3-1	设置、完善、改造和维护安全防护设施设备支出	9,922,650	43.44
102-3-2	配备、维护、保养应急 救援器材、设备支出和 应急演练支出	1,828,550	8.00
102-3-3	重大危险源和事故隐患评估、监控和整改支出	1,300,000	5.69
102-3-4	安全生产检查、评价、咨询和标准化建设支出	1,260,000	5.52
102-3-5	配备和更新现场作业人员安全防护用品支出	1,282,000	5.61
102-3-6	安全生产宣传、教育、培训支出	1,712,500	7.50
102-3-7	安全生产试用的新技术、新标准、新工艺、新装备的推广应用支出	200,000	0.88
102-3-8	安全设施及特种设备检测检验支出	1,235,000	5.41
102-3-9	其他安全生产费用支出	4,102,850	17.96

显示第 1 至 9 项结果,共 9 项

首页 上页 1 下页 末页

图 3-26 安全生产费用使用计划管理示例图(WEB 版)

第 3 章 强化管理本质安全化能力

图 3-27 安全生产费用使用计划管理示例图(APP 版)

2)安全生产费用使用登记管理(图 3-28、图 3-29)

图 3-28 安全生产费用使用登记管理示例图(WEB 版)

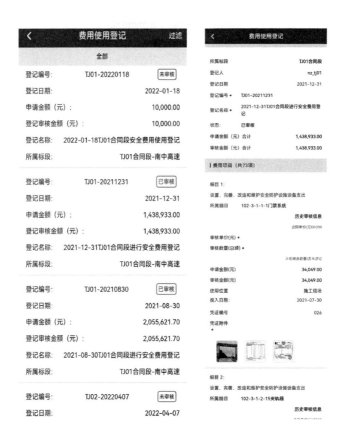

图 3-29　安全生产费用使用登记管理示例图(APP 版)

3)安全生产费用计量管理(图 3-30、图 3-31)

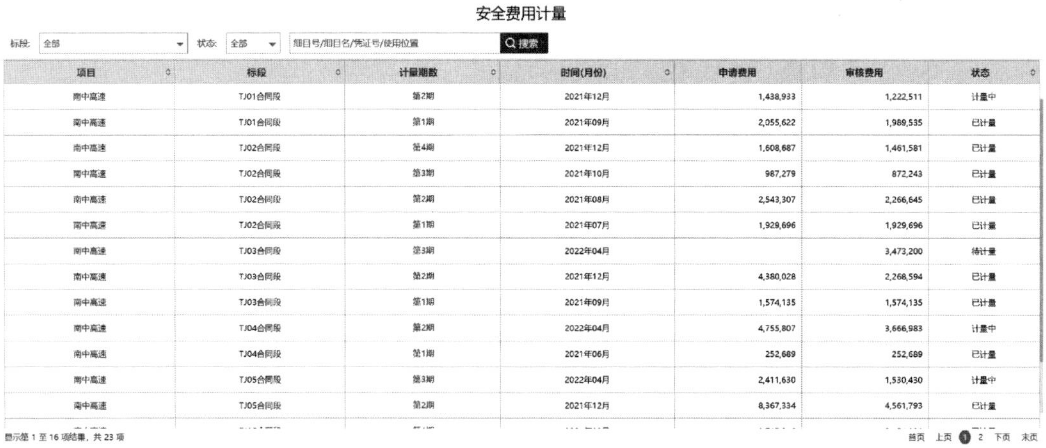

安全费用计量

标段: 全部　状态: 全部　细目号/细目名/凭证号/使用位置　搜索

项目	标段	计量期数	时间(月份)	申请费用	审核费用	状态
南中高速	TJ01合同段	第2期	2021年12月	1,438,933	1,222,511	计量中
南中高速	TJ01合同段	第1期	2021年09月	2,055,622	1,989,535	已计量
南中高速	TJ02合同段	第4期	2021年12月	1,608,687	1,461,581	已计量
南中高速	TJ02合同段	第3期	2021年10月	987,279	872,243	已计量
南中高速	TJ02合同段	第2期	2021年08月	2,543,307	2,266,645	已计量
南中高速	TJ02合同段	第1期	2021年07月	1,929,696	1,929,696	已计量
南中高速	TJ03合同段	第3期	2022年04月		3,473,200	待计量
南中高速	TJ03合同段	第2期	2021年12月	4,380,028	2,268,594	已计量
南中高速	TJ03合同段	第1期	2021年09月	1,574,135	1,574,135	已计量
南中高速	TJ04合同段	第2期	2022年04月	4,755,807	3,666,983	计量中
南中高速	TJ04合同段	第1期	2021年06月	252,689	252,689	已计量
南中高速	TJ05合同段	第3期	2022年04月	2,411,630	1,530,430	计量中
南中高速	TJ05合同段	第2期	2021年12月	8,367,334	4,561,793	已计量

显示第 1 至 16 项结果，共 23 项　首页 上页 1 2 下页 末页

图 3-30　安全生产费用计量管理示例图(WEB 版)

第 3 章 强化管理本质安全化能力

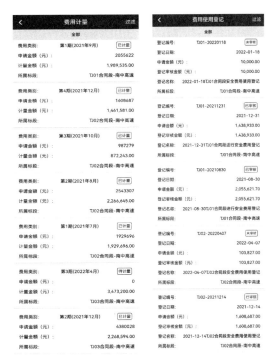

图 3-31 安全生产费用计量管理示例图（APP 版）

3.6 人员管理

3.6.1 人员信息管理

1）管理人员信息管理

管理人员信息包括三类信息管理，第一类为基本信息，包括姓名、性别、身份证号码、教育程度、工作单位、部门、职务、工作状态、进场时间、退场时间；第二类为职称信息，包括职称名称、职称等级、职称证书编号、职称专业；第三类为执业资格信息，包括执业资格名称、执业资格等级、专业类别、证书编号。

2）班组与施工作业人员管理

班组管理内容包括班组名称、班组类型、所属单位、所属标段、班组长、班组成员、进场时间、退场时间。班组作业人员分为两类，第一类为信息管理，包括姓名、性别、身份证号码、教育程度、健康状况、是否签订劳动合同、是否购买工伤保险、是否为特种作业人员、工种、工作的单位、所属班组、进场时间、退场时间；第二类为职业资格管理信息，包括证书名称、作业（操作类型）、初次领证日期、证书有效开始日期、证书有效截止日期、复审日期等。

3.6.2 基于本质安全管理平台的人员管理

1）项目人员管理（图3-32）

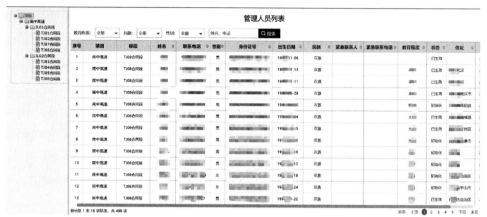

图3-32 项目人员管理示例图（WEB版）

2）施工班组管理（图3-33）

图3-33 施工班组管理示例图（WEB版）

3）施工人员管理（图3-34）

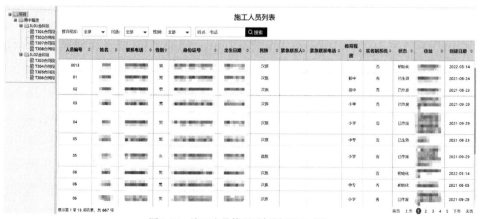

图3-34 施工人员管理示例图（WEB版）

3.7 机械设备管理

3.7.1 一般机械设备管理

一般机械设备管理内容包括一般机械设备信息管理、一般机械设备验收管理、一般机械设备安全检查管理、一般机械设备维保管理、一般机械设备资料管理。

1）一般机械设备信息管理

对设备从出厂到退场的全周期信息管理，是设备的身份证，主要包括设备的自身出厂信息、机械设备设计、制造技术信息、设备检验检测情况、特种设备使用登记证书、特种设备安装（拆卸）档案、使用过程记录、特种设备操作规程及交底等信息。

2）一般机械设备验收管理

验收管理主要针对进场报验的管理，主要对设备的进场查验登记表、设备出厂合格证、产品说明书等进行审核，流程如图3-35所示。

3）一般机械设备安全检查管理

设备的安全检查包括监理单位的不定期检查，施工单位的定期和不定期检查。

（1）监理单位一般机械设备不定期检查。

监理单位的不定期检查由驻地监理工程师或专业监理工程师或监理员发起，检查流程如图3-36所示。

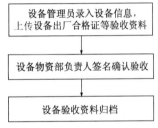

图3-35 设备验收流程图

（2）施工单位一般机械设备定期检查。

施工单位定期检查包括周检、月度检查、季度检查、半年度检查、年度检查和日常检查，其中月度检查、季度检查、半年度检查、年度检查由设备物资部负责人发起，设备管理人员、专职安全员参加；周检和日常检查由设备管理人员或专职安全员发起。检查流程如图3-37所示。

（3）一般机械设备维保管理。

由设备管理员录入设备维修保养计划，系统生产设备维修保养计划列表，并可根据计划对设备管理员进行到期提醒，提醒时间为任务开始前7天，直到任务计划实施当天，每天推送信息一次，任务计划实施当天会在待办工作中提醒。一般机械设备维护保养流程如图3-38所示。

3.7.2 特种设备管理

特种设备管理包括特种设备信息管理，特种设备安全检查、维保管理，特种设备验收管理，特种设备退场管理，特种设备关键作业管理。

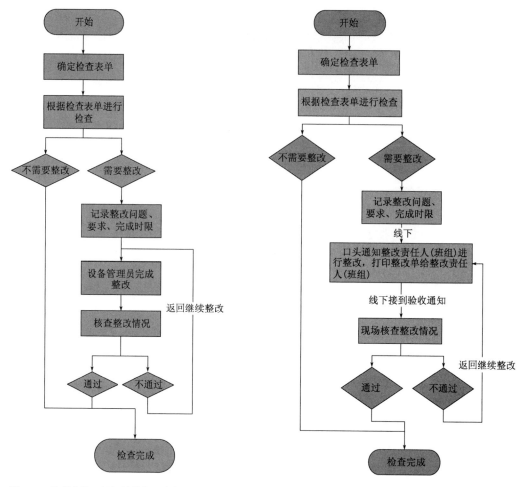

图 3-36　监理单位一般机械设备不定期检查流程　　图 3-37　施工单位一般机械设备定期检查流程

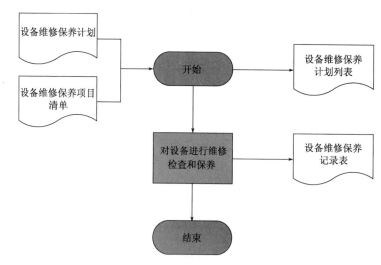

图 3-38　一般机械设备维护保养流程

1）特种设备信息管理

特种设备信息管理与一般机械设备信息管理流程相同，设计思路和管理方法一致。

2）特种设备安全检查、维保管理

特种设备的安全检查过程和维修保养与一般机械设备安全检查流程、维护保养流程相同，设计思路和管理方法一致。

3）特种设备验收管理

特种设备验收管理是特种设备进场时对特种设备的基本情况、文件、合同及技术资料的审核，确定特种设备符合使用要求和满足施工现场技术要求的管理活动，验收流程由设备管理员发起，具体验收流程如图3-39所示。

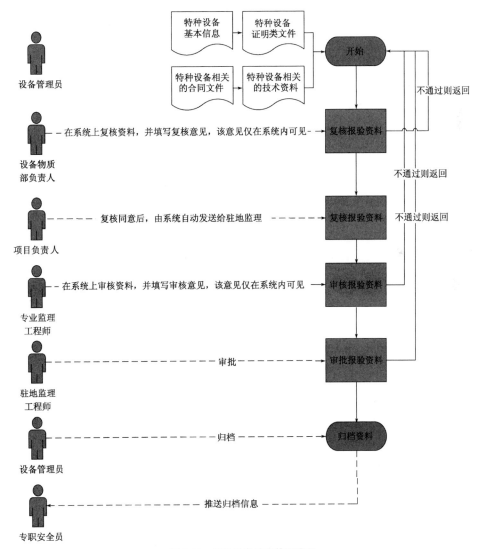

图3-39　特种设备验收管理流程

4）特种设备退场管理

因各种原因设备已确定准备退场需提前填写退场申请表，自由设备退场前项目部应对设备进行全面保养及恢复性修理，保证设备技术性能达到规定标准。其退场流程如图3-40所示。

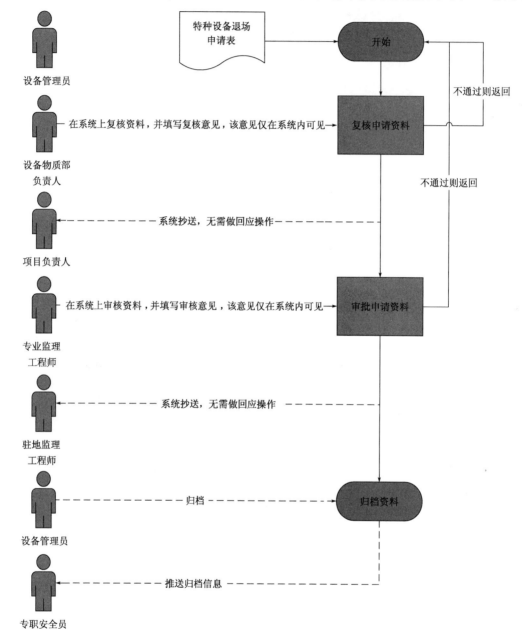

图3-40 特种设备退场管理流程

5）特种设备关键作业管理

为规范特种设备的关键作业管理，保障施工安全，制订了特种作业前的申请管理流程，确保作业规范，管理流程如图3-41所示。

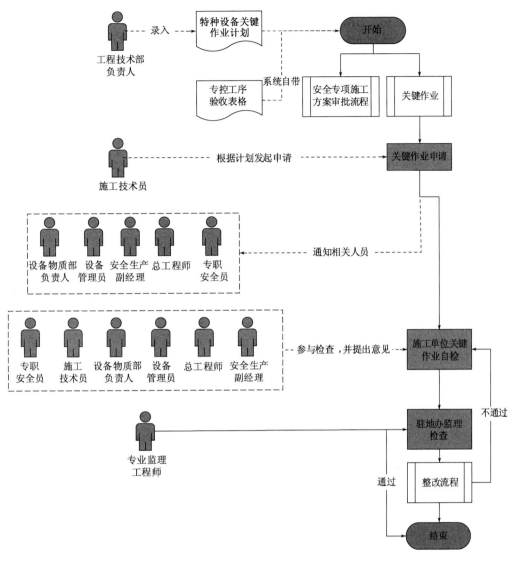

图 3-41　特种设备关键作业管理流程

3.7.3　本质安全管理平台的设备管理

1）设备台账管理

平台中的设备台账管理是落实机械设备管理标准流程的重要功能,解决了"不知道怎么做"的问题。主要包括特种设备和一般设备,通过功能模块详细记录进场设备的信息。每台进场设备有与之对应的二维码,打印出来可贴于设备上,以便于在设备检查时,可通过扫码查看设备基本情况,此功能是落实机械设备检查的重要途径。设备台账管理示意如图 3-42 和图 3-43 所示。

图 3-42 设备台账管理示意图(WEB 版)

第 3 章　强化管理本质安全化能力

2）设备进退场报审管理

设备进退场报审功能模块落实了设备管理标准流程,同时通过流程管理落实岗位工作任务,提高设备管理水平,解决了"不知道怎么做"的问题,如图 3-44 所示。

3）设备检查台账管理

对设备发起的检查记录自动汇总生成台账并归档在内业资料中,如图 3-45 和图 3-46 所示。

4）设备维保台账管理

选择已有设备,进行维护保养,填写维护保养具体内容,确保设备运行稳定,保养结束设备台账自动生成,如图 3-47 和图 3-48 所示。

5）设备维保提醒设置管理（WEB 版）

对已有设备进行维保计划设置,确保设备能在计划内完成维保工作,维保计划通过平台"安全小精灵"智能提醒相关人员落实本质安全的智慧化功能,如图 3-49 所示。

图 3-43　设备台账管理示意图（APP 版）

图 3-44　设备进退场报审管理示意图（WEB 版）

图 3-45　设备检查台账管理示意图(WEB 版)

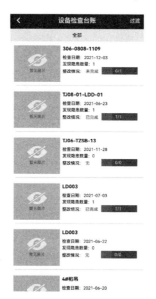

图 3-46　设备检查台账管理示意图(APP 版)

图 3-47　设备维保台账管理示例图(WEB 版)

第 3 章　强化管理本质安全化能力

图 3-48　设备维保台账管理示例图(APP 版)

图 3-49　设备维保提醒设置管理界面(WEB 版)

6) 特种设备关键作业计划管理

特种设备关键作业包括设备安装、设备拆除、塔式起重机基础、塔式起重机顶升加节、架桥机过节,在特种设备关键作业之前填写计划,以便作业安排和安全措施保障,如图 3-50 所示。

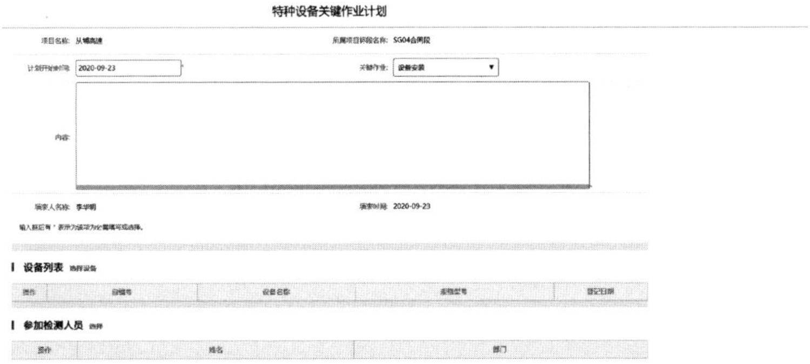

图 3-50　特种设备关键作业计划管理界面(WEB 版)

7）特种设备信息统计

特种设备信息统计是落实机械设备管理、消除设备隐患的重要功能之一，通过对生产厂家、设备年限、检验单位等信息进行统计，以掌握各种设备的自身状态，对于特种设备管理人员来说，可通过数据统计判断应该纳入重点管理的设备，如图 3-51 所示。

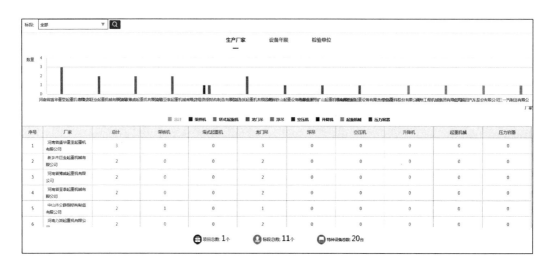

图 3-51　特种设备信息统计示例图（WEB 版）

施工现场特种设备概况统计图是落实特种设备管理的重要功能之一，通过特种设备情况统计，以便于管理人员掌握各标段特种设备使用情况，做出重点管理和关注，如图 3-52 所示。

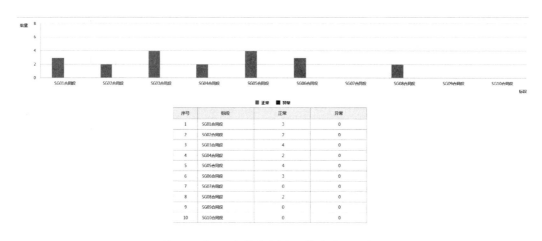

图 3-52　施工现场特种设备概况统计图（WEB 版）

8）特种设备管理预警

特种设备预警功能是落实特种设备风险管控的重要手段之一，预警包括设备检查建议和维保建议。通过预警功能可及时落实风险管控措施，或者及时整改已有隐患，确保机械设备的安全运行，同时管理人员通过预警功能也可落实安全管理任务，如图 3-53 所示。

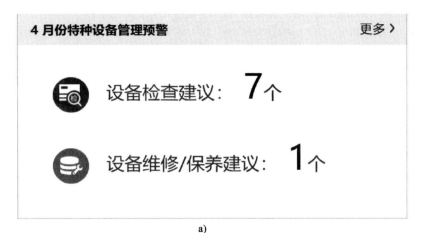

图 3-53 特种设备管理预警图（WEB 版）

3.8 危险性较大工程管理

3.8.1 危险性较大工程范围

危险性较大工程是指在施工过程中存在的、可能导致作业人员群死群伤或造成重大财产损失、作业环境破坏或其他损失的工程。

施工单位应当根据风险评估结论，在提交开工报告前，向建设、监理单位提供本合同段危险性较大工程清单。建设单位应组织监理、施工、设计等单位对工程项目的危险性较大工程清单进行审核确认，并进行动态管理。危险性较大工程和超过一定规模危险性较大工程范围如表 3-8 所示。

危险性较大和超过一定规模危险性较大工程范围 表3-8

序号	类别	需编制专项施工方案的危险性较大工程	需专家论证、审查的超过一定规模的危险性较大工程
1	基坑开挖、支护、降水工程	1. 开挖深度不小于3m的基坑(槽)开挖、支护、降水工程。 2. 深度虽小于3m但地质条件和周边环境复杂的基坑(槽)开挖、支护、降水工程	1. 深度不小于5m的基坑(槽)的土(石)方开挖、支护、降水。 2. 开挖深度虽小于5m,但地质条件、周围环境和地下管线复杂,或影响毗邻建(构)筑物安全,或存在有毒有害气体分布的基坑(槽)的土方开挖、支护、降水工程
2	滑坡处理和填、挖方路基工程	1. 滑坡处理。 2. 边坡高度大于20m的路堤或地面斜坡坡率陡于1:2.5的路堤,或不良地质地段、特殊岩土地段的路堤。 3. 土质挖方边坡高度大于20m、岩挖方边坡高度大于30m,或不良地质、特殊岩土地段的挖方边坡	1. 中型及以上滑坡体处理。 2. 边坡高度大于20m的路堤或地面斜坡坡率陡于1:2.5的路堤,且处于不良地质地段、特殊岩土地段的路堤。 3. 土质挖方边坡高度大于20m、岩质挖方边坡高度大于30m且处于不良地质、特殊岩土地段的挖方边坡
3	基础工程	1. 桩基础。 2. 挡土墙基础。 3. 沉井等深水基础	1. 深度不小于15m的人工挖孔桩或开挖深度不超过15m,但地质条件复杂或存在有毒有害气体分布的人工挖孔桩工程。 2. 平均高度不小于6m且面积不小于1200m^2的砌体挡土墙的基础。 3. 水深不小于20m的各类深水基础
4	大型临时工程	1. 围堰工程。 2. 各类工具式模板工程。 3. 支架高度不小于5m;跨度不小于10m,施工总荷载不小于10kN/m^2;集中线荷载不小于15kN/m。 4. 搭设高度24m及以上的落地式钢管脚手架工程;附着式整体和分片提升脚手架工程;悬挑式脚手架工程;吊篮脚手架工程;自制卸料平台、移动操作平台工程;新型及异型脚手架工程。 5. 挂篮。 6. 便桥、临时码头。 7. 水上作业平台	1. 水深不小于10m的围堰工程。 2. 高度不小于40m墩柱、高度不小于100m的索塔的滑模、爬模、翻模工程。 3. 支架高度不小于8m;跨度不小于18m,施工总荷载不小于15kN/m^2;集中线荷载不小于20kN/m。 4. 50m以上落地式钢管脚手架工程。用于钢结构安装等满堂承重支撑体系,承受单点集中荷载7kN以上。 5. 猫道、移动模架
5	桥梁工程	1. 桥梁工程中的梁、拱、柱等构件施工。 2. 打桩船作业。 3. 施工船作业。 4. 边通航边施工作业。 5. 水下工程中的水下焊机、混凝土浇筑等。 6. 顶进工程。 7. 上跨或下穿既有公路、铁路、管线施工	1. 长度不小于40m的预制梁的运输与安装,钢箱梁吊装。 2. 跨度不小于150m的钢管拱安装施工。 3. 高度不小于40m的墩柱、高度不小于100m的索塔等的施工。 4. 离岸无掩护条件下的桩基施工。 5. 开敞式水域大型预制构件的运输与吊装作业。 6. 在三级及以上通航条件等级的航道上进行的水上水下施工。 7. 转体施工

续上表

序号	类别	需编制专项施工方案的危险性较大工程	需专家论证、审查的超过一定规模的危险性较大工程
6	隧道工程	1. 不良地质隧道。 2. 特殊地质隧道。 3. 浅埋、偏压及邻近建筑物等特殊环境条件隧道。 4. Ⅳ级及以上软弱围岩地段的大跨度隧道。 5. 小净距隧道。 6. 瓦斯隧道	1. 隧道穿越岩溶发育区、高风险断层、沙层、采空区等工程地质或水文地质条件复杂地质环境；Ⅴ级围岩连续长度占总隧道长度10%以上且连续长度超过100m；Ⅵ级围岩的隧道工程。 2. 软岩地区的高地应力区、膨胀岩、黄土、冻土等地段。 3. 埋深小于1倍跨度的浅埋地段；可能产生坍塌或滑坡的偏压地段；隧道上部存在需要保护的建筑物地段；隧道下穿水库或河沟地段。 4. Ⅵ级及以上软弱围岩地段跨度不小于18m的特大跨度隧道。 5. 连拱隧道；中夹岩柱不小1倍隧道开挖跨度的小净距隧道；长度大于100m的偏压棚洞。 6. 高瓦斯或瓦斯突出隧道。 7. 水下隧道
7	起重吊装工程	1. 采用非常规起重设备、方法，且单件起吊重量在10kN及以上的起重吊装工程。 2. 采用起重机械进行安装的工程。 3. 起重机械设备自身的安装、拆卸	1. 采用非常规起重设备、方法，且单件起吊重量在100kN及以上的起重吊装工程。 2. 起吊重量在300kN及以上的起重设备安装、拆卸工程
8	拆除、爆破工程	1. 桥梁、隧道拆除工程。 2. 爆破工程	1. 大桥及以上桥梁拆除工程。 2. 一级及以上公路隧道拆除工程。 3. C级及以上爆破工程、水下爆破工程
9	其他	上述范围以外的重大风险（危险）源风险等级为三级以上的分部分项工程	

3.8.2 危险性较大工程入库管理

危险性较大工程数据库管理目的是统计工程建设过程中危险性较大工程的基本信息，将其统计归类通过"安全小精灵"实现信息推送，跟踪危险性较大工程的阶段性的状态，是危险性较大工程的一种管理手段。危险性较大工程数据库需要确定表3-9所列内容。

危险性较大工程管理表格　　表3-9

序号	工程名称	类别	专项施工方案编制情况	专家论证、审查是否需要	专家论证、审查通过情况	审批完成时间	开工日期	竣工日期
1								
…								

管理人员在管理过程中需要确定危险性较大工程是否编制了专项施工方案，同时判断危险性较大工程是否需要专家论证和审查并上传相关资料，通过相关数据的确定判断危险性较大工程管理行为是否落实。

3.8.3 危险性较大工程的管控级别

为落实危险性较大工程管理,确保危险性较大工程得到管理人员的关注,将危险性较大工程信息及时推送给管理人员,推送过程由本质安全管理平台按照以下路径和范围进行推送,收到危险性较大工程信息的管理人员应根据业务职责重点关注,确保安全措施和管理落到实处,如表3-10所示。

危险性较大工程信息推送　　　　　　表 3-10

	推送级别
危险性较大工程	施工单位:专职安全员、安全管理部负责人、工程部负责人、项目经理; 监理单位:安全监理工程师(安全专监)、监理组长、工程部负责人、副总监; 建设单位:土建工程管理员(业主代表)、技术总工、安全生产管理部门负责人、分管安全生产负责人(分管安全副总)

3.8.4 本质安全管理平台的危险性较大工程管理

危险性较大工程管理示例如图3-54所示。

项目	标段	危险性较大工程清单	明细项总数	施工中
南中高速	TJ03合同段	暂时没有附件	11	11
南中高速	TJ05合同段	暂时没有附件	2	0
南中高速	TJ06合同段	暂时没有附件	6	6
南中高速	TJ07合同段	暂时没有附件	1	1
南中高速	TJ08合同段	TJ08合同段_南中高速TJ08-危险性较大工程清单2021.10.10.pdf	6	6

图 3-54　危险性较大工程管理示例图(WEB 版)

3.9　专控工序验收管理

3.9.1　专控工序验收范围

施工栈桥及平台、现浇支架、爬模及滑模、挂篮施工、架桥机安装及过孔(跨)、塔式起重机基础施工等需进行重点安全控制的施工工序,称为专控工序,应纳入安全验收范畴,按照工序验收程序完成施工单位自检及监理单位复检工作,如表3-11所示。

专控工序验收范围一览表　　　　　　表 3-11

序号	验收项目	验收工序	使用表格
1	施工栈桥及平台	施工栈桥及平台施工	施工栈桥及平台安全验收表
2	现浇支架	支架基础施工、支架搭设及预压	1.现浇支架基础安全验收表; 2.现浇支架(满堂式)搭设安全验收表; 3.现浇支架(少支架式)搭设安全验收表

续上表

序号	验收项目	验收工序	使用表格
3	爬模、滑模工程	爬模、滑模安装及提升施工	1. 整体提升模板(滑模、爬模)安装安全验收表; 2. 整体提升模板(滑模、爬模)提升前安全验收表; 3. 整体提升模板(滑模、爬模)提升后安全验收表
4	挂篮施工	挂篮安装、前移施工	1. 挂篮拼装安全验收表; 2. 挂篮前移到位安全验收表
5	架桥机	架桥机安装及过孔施工	架桥机安全验收表
6	塔式起重机	塔式起重机基础施工	塔式起重机固定基础安全验收表

3.9.2 专控工序验收程序

专控工序验收程序按照以下顺序开展:(1)施工员自检;(2)设备物资部门负责人检查;(3)安全生产副经理检查;(4)总工程师检查;(5)监理工程师检查。专控工序验收根据验收表验收,相关验收人员按照顺序核查、签名验收,指导验收通过之后才可进行下一道工序。

3.9.3 基于本质安全管理平台的专控工序验收管理

专控工序验收管理示例如图 3-55 所示。

图 3-55 专控工序验收管理示例图

3.10 安全教育培训管理

3.10.1 教育培训计划

建设单位、施工单位、监理单位每年初应该制订安全教育培训计划,并按时实施教育培训。培训计划表应包括培训主题、对象、主办单位、课时数、人数、培训人数和费用。

3.10.2 安全技术交底

施工技术负责人在生产作业前对直接生产作业人员进行该作业的安全操作规程和注意事项的培训,并通过书面文件方式予以确认。建设项目中,分部(分项)工程在施工前,项目部应按批准的施工组织设计或专项安全技术措施方案,向有关人员进行安全技术交底。安全技术交底主要包括两个方面的内容:一是在施工方案的基础上按照施工的要求,对施工方案进行细化和补充;二是要将操作者的安全注意事项讲清楚,保证作业人员的人身安全。安全技术交底工作完毕后,所有参加交底的人员必须履行签字手续,施工负责人、生产班组、现场专职安全管理人员三方各留执一份,并记录存档安全技术交底的作用。

3.10.3 班前危险告知

施工单位负责项目管理的技术人员,在各个分部分项工程施工过程中,根据实际情况应当如实详细地向施工作业班组、作业人员告知作业场所和工作岗位存在的危险因素,同时讲解危险因素的识别和防范措施,以提高作业人员的安全防范能力,并由双方签字确认,切实履行危险告知制度,同时,在危险作业地段必须设置明显的安全警示标志,提高作业人员的风险意识;对无法封闭施工的工地应当悬挂当日施工现场危险告示牌,以防止外来车辆及非工作人员进入,以防发生意外。

3.10.4 基本本质安全管理平台的安全教育培训管理

教育培训模块在平台中承担落实人员管理、教育培训、岗位职责的重要功能,主要包括落实安全教育培训计划、安全教育培训记录、安全技术交底、班前危险告知四个功能,如图 3-56 ~ 图 3-59 所示。

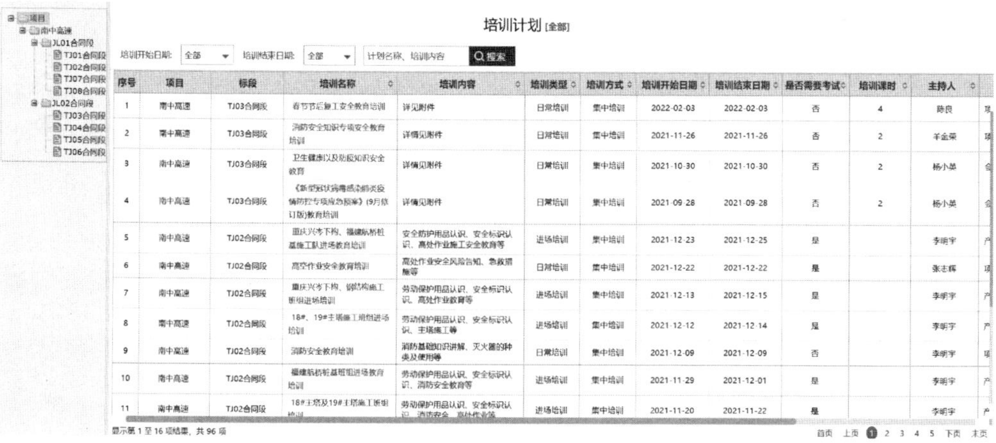

序号	项目	标段	培训名称	培训内容	培训类型	培训方式	培训开始日期	培训结束日期	是否需要考试	培训课时	主持人
1	南中高速	TJ03合同段	春节节后复工安全教育培训	详见附件	日常培训	集中培训	2022-02-03	2022-02-03	否	4	陈良
2	南中高速	TJ03合同段	消防安全知识专项安全教育培训	详情见附件	日常培训	集中培训	2021-11-26	2021-11-26	否	2	羊金荣
3	南中高速	TJ03合同段	卫生健康以及防疫知识安全教育	详情见附件	日常培训	集中培训	2021-10-30	2021-10-30	否	2	杨小英
4	南中高速	TJ03合同段	《新型冠状病毒感染肺炎疫情防控专项应急预案》(9月修订版)教育培训	详情见附件	日常培训	集中培训	2021-09-28	2021-09-28	否	2	杨小英
5	南中高速	TJ02合同段	重庆兴岑下构、福建航桥桩基施工队进场教育培训	安全防护用品认识、安全标识认识、高处作业施工安全教育等	进场培训	集中培训	2021-12-23	2021-12-25	是		李明宇
6	南中高速	TJ02合同段	高空作业安全教育培训	高处作业安全风险告知、急救措施等	日常培训	集中培训	2021-12-22	2021-12-22	是		张志辉
7	南中高速	TJ02合同段	重庆兴岑下构、钢结构施工班组进场培训	劳动保护用品认识、安全标识认识、高处作业教育等	进场培训	集中培训	2021-12-13	2021-12-15	是		李明宇
8	南中高速	TJ02合同段	18#、19#主塔施工班组进场培训	劳动保护用品认识、安全标识认识、主塔施工等	进场培训	集中培训	2021-12-12	2021-12-14	是		李明宇
9	南中高速	TJ02合同段	消防安全教育培训	消防基础知识讲解、灭火器的种类及使用等	日常培训	集中培训	2021-12-09	2021-12-09	否		李明宇
10	南中高速	TJ02合同段	福建航桥桩基班组进场教育培训	劳动保护用品认识、安全标识认识、消防安全教育等	进场培训	集中培训	2021-11-29	2021-12-01	是		李明宇
11	南中高速	TJ02合同段	18#主塔及19#主塔施工班组培训	劳动保护用品认识、安全标识认识、消防安全、高处作业等	进场培训	集中培训	2021-11-20	2021-11-22	是		李明宇

图 3-56 安全教育培训计划

第 3 章　强化管理本质安全化能力

图 3-57　安全教育培训记录

a)

b)

图 3-58　安全技术交底

根据安全技术交底要求,设计了交底记录表,管理人员在实施交底之前在系统中完成填写相关内容,系统会自动生成交底台账,并自动归档资料。

081

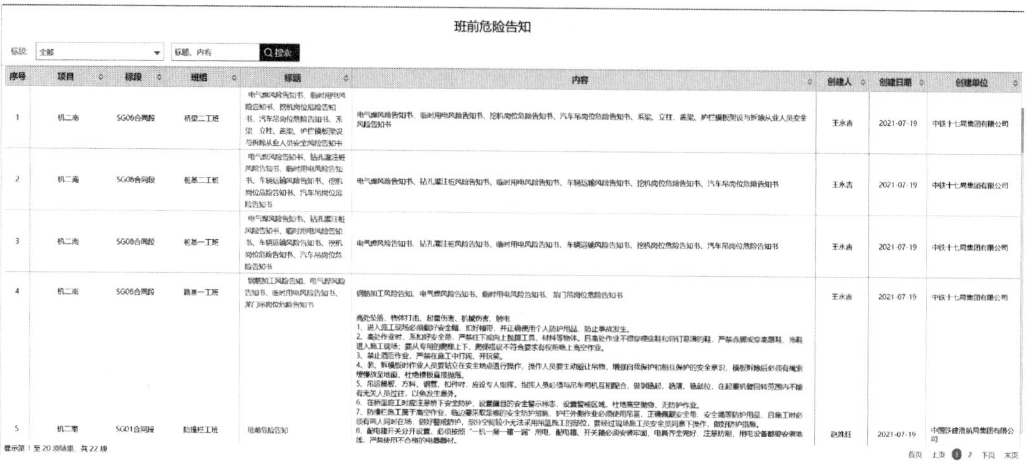

班前危险告知

标段：全部　标题、内容　搜索

序号	项目	标段	班组	标题	内容	创建人	创建日期	创建单位
1	机二南	SG06合同段	桥梁二工班	电气焊风险告知书、临时用电风险告知书、挖机岗位危险告知书、汽车吊岗位危险告知书、系梁、立柱、盖梁、护栏模板架设与拆除从业人员安全风险告知书	电气焊风险告知书、临时用电风险告知书、挖机岗位危险告知书、汽车吊岗位危险告知书、系梁、立柱、盖梁、护栏模板架设与拆除从业人员安全风险告知书	王永吉	2021-07-19	中铁十七局集团有限公司
2	机二南	SG08合同段	桩基二工班	电气焊风险告知书、钻孔灌注桩风险告知书、临时用电风险告知书、车辆运输风险告知书、挖机岗位危险告知书、汽车吊岗位危险告知书	电气焊风险告知书、钻孔灌注桩风险告知书、临时用电风险告知书、车辆运输风险告知书、挖机岗位危险告知书、汽车吊岗位危险告知书	王永吉	2021-07-19	中铁十七局集团有限公司
3	机二南	SG08合同段	桩基一工班	电气焊风险告知书、钻孔灌注桩风险告知书、临时用电风险告知书、车辆运输风险告知书、挖机岗位危险告知书、汽车吊岗位危险告知书	电气焊风险告知书、钻孔灌注桩风险告知书、临时用电风险告知书、车辆运输风险告知书、挖机岗位危险告知书、汽车吊岗位危险告知书	王永吉	2021-07-19	中铁十七局集团有限公司
4	机二南	SG06合同段	路基一工班	钢筋加工风险告知、电气焊风险告知书、临时用电风险告知书、龙门吊岗位危险告知书	钢筋加工风险告知、电气焊风险告知书、临时用电风险告知书、龙门吊岗位危险告知书	王永吉	2021-07-19	中铁十七局集团有限公司
5	机二南	SG01合同段	防撞栏工班	班前危险告知	高处坠落、物体打击、起重伤害、机械伤害、触电 1、进入施工现场必须戴好安全帽，扣好帽带，并正确使用个人防护用品，防止事故发生。 2、高处作业时，系扣好安全带，严禁往下或向上抛掷工具、材料等物体。且高处作业不得穿硬底鞋和带钉易滑的鞋，严禁赤脚或穿拖鞋、凉鞋进入施工现场；要从专用的爬梯上下，爬梯搭设不符合要求有权拒绝上高空作业。 3、禁止酒后作业，严禁在施工中打闹、开玩笑。 4、装、拆模板时作业人员要站立在安全地点进行操作，操作人员要主动避让吊物，增强自我保护和相互保护的安全意识，模板拆除后必须有绳索慢慢放至地面，杜绝模板直接抛落。 5、吊运模板、方料、钢管、扣件时，应设专人指挥，指挥人员必须与吊车司机互相配合，做到稳起、稳落、稳就位，在起重机臂回转范围内不能有无关人员过往，以免发生意外。 6、在桥面施工时应注意桥下安全防护，设置醒目的安全警示标志，设置警戒区域，杜绝高空抛物，无防护作业。 7、防撞栏施工属于高空作业，临边要采取足够的安全防护措施，护栏外侧作业必须使用吊篮，正确佩戴安全带、安全绳等防护用品，且施工时必须有两人同时在场，做好警戒防护，部分空间较小无法采用吊篮施工的部位，要经过现场施工员安全员同意下操作，做好防护措施。 8、配电箱开关分开设置，必须按照"一机一闸一箱一漏"用电，配电箱、开关箱必须安装牢固，电具齐全完好，注意防潮，用电设备都要安装地线，严禁使用不合格的电器器材。	赵姓旺	2021-07-19	中国铁建港航局集团有限公司

显示第 1 至 20 项结果，共 22 项　首页 上页 1 2 下页 末页

图 3-59　班前危险告知

3.11　灾害信息预警

3.11.1　灾害预警类别

公路工程施工涉及作业类别较多，包括路基路面施工、桥梁工程、隧道工程，在沿海地带还包括海上施工作业等，其次公路工程施工范围较大，工程项目往往涉及跨行政区域，同一项目地形、地貌以及气候条件等往往伴随多种状态。因此公路工程施工安全管理难度较大，难以形成固定的安全管理范围，伴随着项目的进度变化，安全管理重点、难度、范围随时变化，尤其在沿海地区公路工程建设项目经常面对突如其来的台风、暴雨、高温、雷电等自然灾害，使得安全管理情况变化复杂，由于工程建设范围较长，同一个项目各施工标段往往面临着不同的安全管理环境，因此面对特殊气候的来临，工程项目管理需要根据不同的工程范围作出不同的安全管理决策，这使得管理决策人员面临着巨大的挑战。基于此类问题，本课题安全管理平台建立了灾害信息的推送预警模块，实时推送预警，根据管理需要和工程实际选取了台风、暴雨、干旱、暴雪、寒潮、高温、雷电、大雾等 8 种灾害气候作为预报预警信息的推送类别，以上 8 种气候信息均来源于中国天气网官方网站，在使用过程中根据具体项目所在位置获取本地气候信息，只推送影响范围内的灾害气候，在信息推送过程中实时根据中国天气网的数据变化定时更新信息，不重复推送。灾害信息预警流程如图 3-60 所示。

3.11.2　灾害信息分级管理

根据 8 种气候灾害信息等级划分、充分结合实际和管理重点，建立了建设三方管理单位

的分解推送原则,即不同等级的气候灾害信息推送给不同的管理人员,做到分层次管理和重点管理等原则,如表3-12所示。

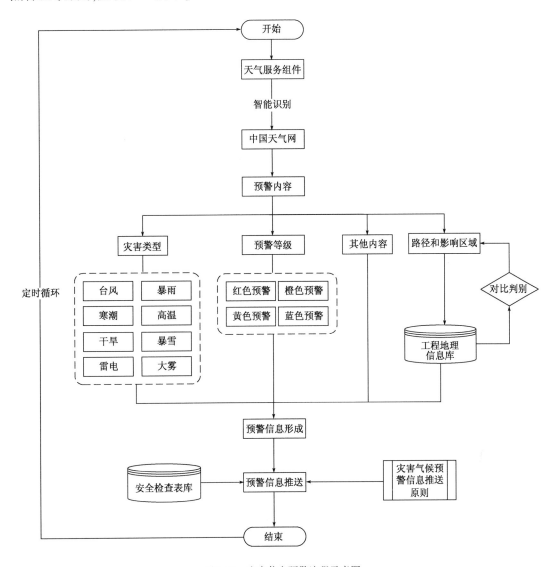

图3-60　灾害信息预警流程示意图

灾害信息分级推送原则表　　表3-12

灾害气候类型	预警级别	推送级别
1. 台风预警	白色或者蓝色预警	施工单位:安全员、安全管理部负责人
	黄色预警	施工单位:安全员、安全管理部负责人; 监理单位:安全监理工程师(安全专监)
	橙色预警	施工单位:安全员、安全管理部负责人、分管安全副经理、项目经理; 监理单位:安全监理工程师(安全专监)、分管安全副总监、总监;

续上表

灾害气候类型	预警级别	推送级别
1. 台风预警	橙色预警	建设单位:专职安全生产管理人员、土建工程管理员(业主代表)、安全生产管理部门负责人、分管安全生产负责人(分管安全副总)、项目负责人(项目管理处主任)
	红色预警	施工单位:安全员、安全管理部负责人、分管安全副经理、项目经理; 监理单位:安全监理工程师(安全专监)、分管安全副总监、总监; 建设单位:专职安全生产管理人员、土建工程管理员(业主代表)、安全生产管理部门负责人、分管安全生产负责人(分管安全副总)、项目负责人(项目管理处主任)
2. 暴雨预警	暴雨蓝色预警	施工单位:安全员、安全管理部负责人
	暴雨黄色预警	施工单位:安全员、安全管理部负责人; 监理单位:安全监理工程师(安全专监)
	暴雨橙色预警	施工单位:安全员、安全管理部负责人、分管安全副经理、项目经理; 监理单位:安全监理工程师(安全专监)、分管安全副总监、总监; 建设单位:专职安全生产管理人员、土建工程管理员(业主代表)、安全生产管理部门负责人、分管安全生产负责人(分管安全副总)、项目负责人(项目管理处主任)
	暴雨红色预警	施工单位:安全员、安全管理部负责人、分管安全副经理、项目经理; 监理单位:安全监理工程师(安全专监)、分管安全副总监、总监; 建设单位:专职安全生产管理人员、土建工程管理员(业主代表)、安全生产管理部门负责人、分管安全生产负责人(分管安全副总)、项目负责人(项目管理处主任)
3. 干旱预警	橙色预警	施工单位:安全员、安全管理部负责人、分管安全副经理、项目经理; 监理单位:安全监理工程师(安全专监)、分管安全副总监、总监; 建设单位:专职安全生产管理人员、土建工程管理员(业主代表)、安全生产管理部门负责人、分管安全生产负责人(分管安全副总)、项目负责人(项目管理处主任)
	红色预警	施工单位:安全员、安全管理部负责人、分管安全副经理、项目经理; 监理单位:安全监理工程师(安全专监)、分管安全副总监、总监; 建设单位:专职安全生产管理人员、土建工程管理员(业主代表)、安全生产管理部门负责人、分管安全生产负责人(分管安全副总)、项目负责人(项目管理处主任)
4. 暴雪预警	蓝色预警(小雪)	施工单位:安全员、安全管理部负责人; 监理单位:安全监理工程师(安全专监); 建设单位:专职安全生产管理人员、土建工程管理员(业主代表)
	黄色预警(中雪)	施工单位:安全员、安全管理部负责人、分管安全副经理; 监理单位:安全监理工程师(安全专监)、分管安全副总监; 建设单位:专职安全生产管理人员、土建工程管理员(业主代表)、安全生产管理部门负责人
	橙色预警(大雪)	施工单位:安全员、安全管理部负责人、分管安全副经理、项目经理; 监理单位:安全监理工程师(安全专监)、分管安全副总监、总监;

第 3 章　强化管理本质安全化能力

续上表

灾害气候类型	预警级别	推送级别
4.暴雪预警	橙色预警(大雪)	建设单位:专职安全生产管理人员、土建工程管理员(业主代表)、安全生产管理部门负责人、分管安全生产负责人(分管安全副总)、项目负责人(项目管理处主任)
	红色预警(暴雪)	施工单位:安全员、安全管理部负责人、分管安全副经理、项目经理； 监理单位:安全监理工程师(安全专监)、分管安全副总监、总监； 建设单位:专职安全生产管理人员、土建工程管理员(业主代表)、安全生产管理部门负责人、分管安全生产负责人(分管安全副总)、项目负责人(项目管理处主任)
5.寒潮预警	蓝色预警	施工单位:安全员
	黄色预警	施工单位:安全员、安全管理部负责人； 监理单位:安全监理工程师(安全专监)； 建设单位:专职安全生产管理人员
	橙色预警	施工单位:安全员、安全管理部负责人、分管安全副经理； 监理单位:安全监理工程师(安全专监)、分管安全副总监； 建设单位:专职安全生产管理人员、土建工程管理员(业主代表)、安全生产管理部门负责人
	红色预警	施工单位:安全员、安全管理部负责人、分管安全副经理、项目经理； 监理单位:安全监理工程师(安全专监)、分管安全副总监、总监； 建设单位:专职安全生产管理人员、土建工程管理员(业主代表)、安全生产管理部门负责人、分管安全生产负责人(分管安全副总)、项目负责人(项目管理处主任)
6.高温预警	黄色预警	施工单位:安全员、安全管理部负责人； 监理单位:安全监理工程师(安全专监)； 建设单位:专职安全生产管理人员、土建工程管理员(业主代表)、安全生产管理部门负责人
	橙色预警	施工单位:安全员、安全管理部负责人、分管安全副经理； 监理单位:安全监理工程师(安全专监)、分管安全副总监； 建设单位:专职安全生产管理人员、土建工程管理员(业主代表)、安全生产管理部门负责人、分管安全生产负责人(分管安全副总)
	红色预警	施工单位:安全员、安全管理部负责人、分管安全副经理、项目经理； 监理单位:安全监理工程师(安全专监)、分管安全副总监、总监； 建设单位:专职安全生产管理人员、土建工程管理员(业主代表)、安全生产管理部门负责人、分管安全生产负责人(分管安全副总)、项目负责人(项目管理处主任)
7.雷电预警	黄色预警	施工单位:安全员、安全管理部负责人； 监理单位:安全监理工程师(安全专监)； 建设单位:专职安全生产管理人员、土建工程管理员(业主代表)、安全生产管理部门负责人
	橙色预警	施工单位:安全员、安全管理部负责人、分管安全副经理； 监理单位:安全监理工程师(安全专监)、分管安全副总监； 建设单位:专职安全生产管理人员、土建工程管理员(业主代表)、安全生产管理部门负责人、分管安全生产负责人(分管安全副总)

续上表

灾害气候类型	预警级别	推送级别
7.雷电预警	红色预警	施工单位:安全员、安全管理部负责人、分管安全副经理、项目经理; 监理单位:安全监理工程师(安全专监)、分管安全副总监、总监; 建设单位:专职安全生产管理人员、土建工程管理员(业主代表)、安全生产管理部门负责人、分管安全生产负责人(分管安全副总)、项目负责人(项目管理处主任)
8.大雾预警	黄色预警	施工单位:安全员、安全管理部负责人; 监理单位:安全监理工程师(安全专监); 建设单位:专职安全生产管理人员、土建工程管理员(业主代表)、安全生产管理部门负责人
	橙色预警	施工单位:安全员、安全管理部负责人、分管安全副经理; 监理单位:安全监理工程师(安全专监)、分管安全副总监; 建设单位:专职安全生产管理人员、土建工程管理员(业主代表)、安全生产管理部门负责人、分管安全生产负责人(分管安全副总)
	红色预警	施工单位:安全员、安全管理部负责人、分管安全副经理、项目经理; 监理单位:安全监理工程师(安全专监)、分管安全副总监、总监; 建设单位:专职安全生产管理人员、土建工程管理员(业主代表)、安全生产管理部门负责人、分管安全生产负责人(分管安全副总)、项目负责人(项目管理处主任)

3.11.3 本质安全管理平台灾害气候预警管理

气候预警如图 3-61 所示。

图 3-61 气候预警

"安全小精灵"智能引擎主要实现灾害气候的预警、工作计划的提醒、隐患信息的分级推送、风险管控的分级推送功能,如图 3-62 所示。

图 3-62 "安全小精灵"预警模块界面

3.12 安全生产应急管理

3.12.1 应急预案管理

工程项目安全生产应急管理应遵循"以人为本、居安思危、预防为主"的原则,对建设三方在应急管理中各自的职责进行了明确,使各单位、各管理人员做好应急管理工作,确保工程项目安全开展。

1)应急预案体系

(1)建设单位。

综合应急预案:建设单位应根据工程项目建设条件、自然环境、工程特点和风险特征等,制订工程项目生产安全事故综合应急预案。

(2)施工单位。

施工单位应根据建设单位综合应急预案,编制本合同段生产安全事故综合应急预案、专项应急预案、现场处置方案。

①综合应急预案:施工单位应根据工程特点,编制合同段生产安全事故综合应急预案,作为应对各种生产安全事故的综合性工作方案。施工单位综合应急预案应与建设单位综合应急预案相衔接。

②专项应急预案:施工单位可在风险(危险)源辨识和风险评估基础上,结合施工工艺、地质、水文和气候等实际情况,编制桥梁、隧道、高边坡施工等专项应急预案。

③现场处置方案：施工单位应根据不同的生产安全事故类别，针对具体的作业、装置或设施制订现场处置方案。

④应急处置卡：施工单位应在编制应急预案的基础上，结合作业场所、岗位特点，编制简明、实用、有效的应急处置卡。应急处置卡应当规定重点岗位、人员的应急处置程序和措施，以及相关联络人员和联系方式，便于施工作业人员携带。

2）应急预案管理流程

(1)建设单位应急管理体系流程(图3-63)。

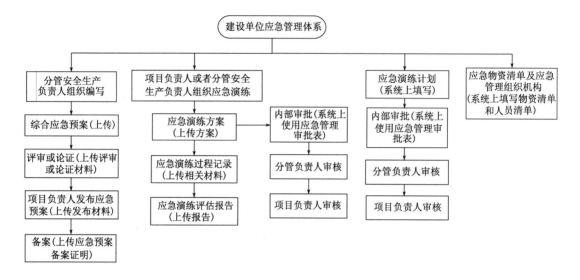

图3-63　建设单位应急管理体系流程

(2)施工单位应急管理体系流程(图3-64)。

3）应急预案管理要求

(1)应急预案经评审或论证后，应由建设、施工单位负责人签署发布，并及时印发本单位有关部门、岗位和相关应急救援队伍。其中，建设单位的综合应急预案应在工程项目开工前发布，并及时印发各监理、施工单位。

(2)应急预案的备案应参照属地相关规定执行。

(3)建立工程项目应急物资、设备储备清单，统筹调配建设、监理、施工单位应急资源。

(4)对应急预案进行论证、证明、评审。

3.12.2　应急演练

1）应急演练时间要求

(1)建设单位至少应每年组织一次项目综合应急预案演练；

(2)施工单位至少应每年组织一次综合或专项应急预案演练，至少应每半年组织一次现场处置方案演练。

第 3 章 强化管理本质安全化能力

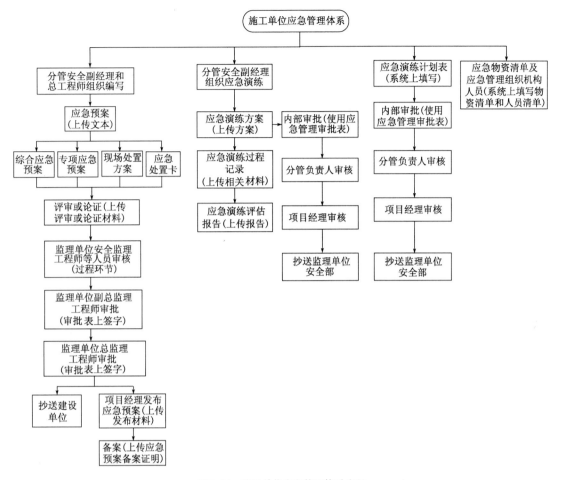

图 3-64 施工单位应急管理体系流程

2）应急演练过程要求

（1）制订应急演练计划，应急演练计划表包括组织单位、演练内容、时间、地点、参加人数、计划经费、备注等信息；

（2）应急演练方案培训，在开展应急演练之前实施应急演练方案培训工作，使参加应急演练人员掌握应急演练过程和演练内容，并留存培训内业资料；

（3）应急演练过程记录，实行应急演练人员签到和应急演练过程照片记录，并整理形成内业资料；

（4）应急演练评估，应急演练结束后组织单位应对应急演练效果进行评估，撰写应急演练评估报告，分析存在的问题，并对应急预案提出修订意见。

事故发生后，事故现场有关人员应立即向本单位负责人报告；单位负责人接到报告后，应于 1 小时内向事故发生地县级以上人民政府安全生产监督管理部门和负有安全生产监督管理职责的有关部门报告。情况紧急时，事故现场有关人员可直接向事故发生地县级以上人民政府安全生产监督管理部门和负有安全生产监督管理职责的有关部门报告。

3.12.3 本质安全管理平台应急管理

应急管理模块功能落实了安全管理标准化和安全生产责任制,是落实应急安全管理的重要功能之一。应急管理模块内容包括应急预案台账管理、应急演练计划管理、应急演练台账管理、应急保障物资清单管理以及应急组织机构(人员)管理,其中应急预案的管理内容又包括评审或论证文件、审批文件、预案发布、预案的备案等,确保应急准备工作充分完备、符合要求。

1)应急预案台账管理(图3-65、图3-66)

图3-65 应急预案台账管理(APP版)

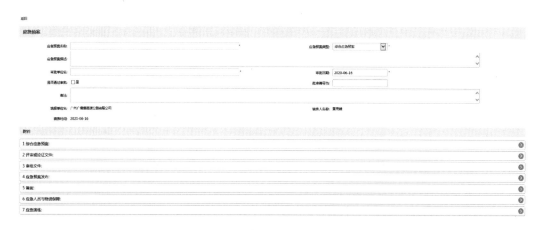

图3-66

第 3 章 强化管理本质安全化能力

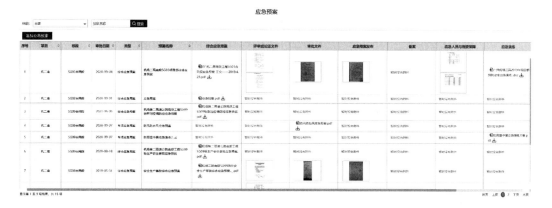

图 3-66 应急预案台账管理（WEB 版）

2）应急演练计划管理（图 3-67、图 3-68）

图 3-67 应急演练计划管理（WEB 版）

图3-68　应急演练计划管理（APP版）

3）应急演练台账管理（图3-69、图3-70）

图3-69　应急演练台账管理（WEB版）

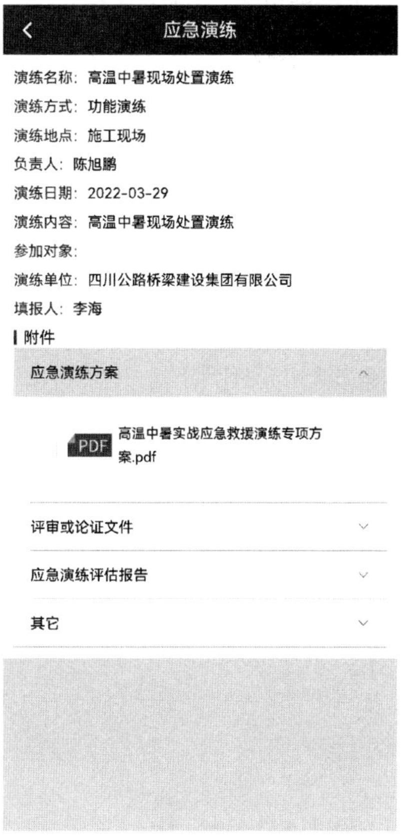

图 3-70　应急演练台账管理(APP 版)

4)应急保障物资清单管理(图 3-71、图 3-72)

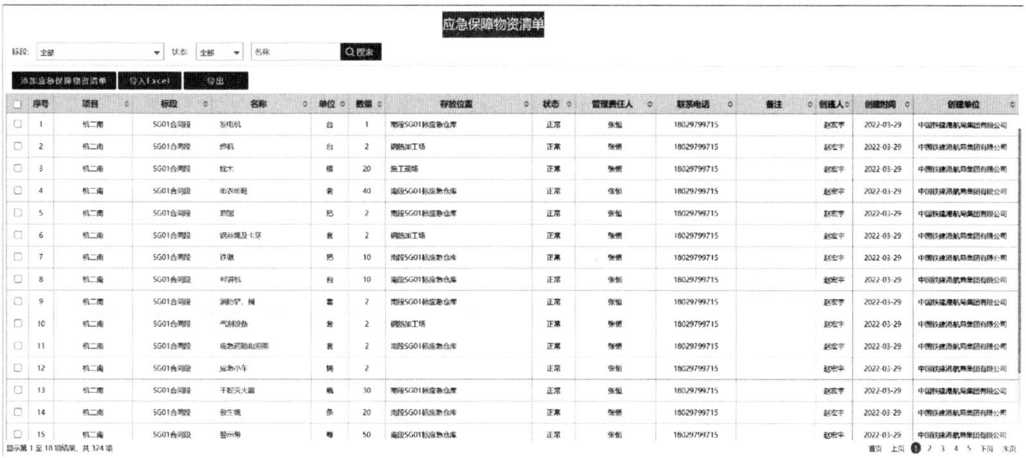

☐	序号	项目	标段	名称	单位	数量	存放位置	状态	管理责任人	联系电话	备注	创建人	创建时间	创建单位
☐	1	机二南	SG01合同段	发电机	台	1	南段SG01标应急仓库	正常	张恒	18029799715		赵宏宇	2022-03-29	中国铁建港航局集团有限公司
☐	2	机二南	SG01合同段	焊机	台	2	钢筋加工场	正常	张恒	18029799715		赵宏宇	2022-03-29	中国铁建港航局集团有限公司
☐	3	机二南	SG01合同段	枕木	根	20	施工现场	正常	张恒	18029799715		赵宏宇	2022-03-29	中国铁建港航局集团有限公司
☐	4	机二南	SG01合同段	雨衣雨鞋	套	40	南段SG01标应急仓库	正常	张恒	18029799715		赵宏宇	2022-03-29	中国铁建港航局集团有限公司
☐	5	机二南	SG01合同段	油锯	把	2	南段SG01标应急仓库	正常	张恒	18029799715		赵宏宇	2022-03-29	中国铁建港航局集团有限公司
☐	6	机二南	SG01合同段	钢丝绳及卡环	套	2	钢筋加工场	正常	张恒	18029799715		赵宏宇	2022-03-29	中国铁建港航局集团有限公司
☐	7	机二南	SG01合同段	铁锹	把	10	南段SG01标应急仓库	正常	张恒	18029799715		赵宏宇	2022-03-29	中国铁建港航局集团有限公司
☐	8	机二南	SG01合同段	对讲机	台	10	南段SG01标应急仓库	正常	张恒	18029799715		赵宏宇	2022-03-29	中国铁建港航局集团有限公司
☐	9	机二南	SG01合同段	消防铲、桶	套	2	南段SG01标应急仓库	正常	张恒	18029799715		赵宏宇	2022-03-29	中国铁建港航局集团有限公司
☐	10	机二南	SG01合同段	气割设备	套	2	钢筋加工场	正常	张恒	18029799715		赵宏宇	2022-03-29	中国铁建港航局集团有限公司
☐	11	机二南	SG01合同段	应急药箱和担架	套	2	南段SG01标应急仓库	正常	张恒	18029799715		赵宏宇	2022-03-29	中国铁建港航局集团有限公司
☐	12	机二南	SG01合同段	应急小车	辆	2		正常	张恒	18029799715		赵宏宇	2022-03-29	中国铁建港航局集团有限公司
☐	13	机二南	SG01合同段	干粉灭火器	瓶	30	南段SG01标应急仓库	正常	张恒	18029799715		赵宏宇	2022-03-29	中国铁建港航局集团有限公司
☐	14	机二南	SG01合同段	救生绳	条	20	南段SG01标应急仓库	正常	张恒	18029799715		赵宏宇	2022-03-29	中国铁建港航局集团有限公司
☐	15	机二南	SG01合同段	警示带	卷	50	南段SG01标应急仓库	正常	张恒	18029799715		赵宏宇	2022-03-29	中国铁建港航局集团有限公司

显示第 1 至 18 项结果，共 324 项　　首页 上页 1 2 3 4 5 下页 末页

图 3-71　应急保障物资清单管理(WEB 版)

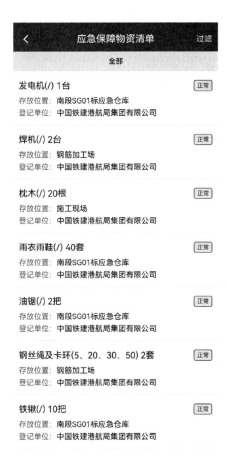

图 3-72　应急保障物资清单管理(APP 版)

5)应急组织机构(人员)管理(图 3-73、图 3-74)

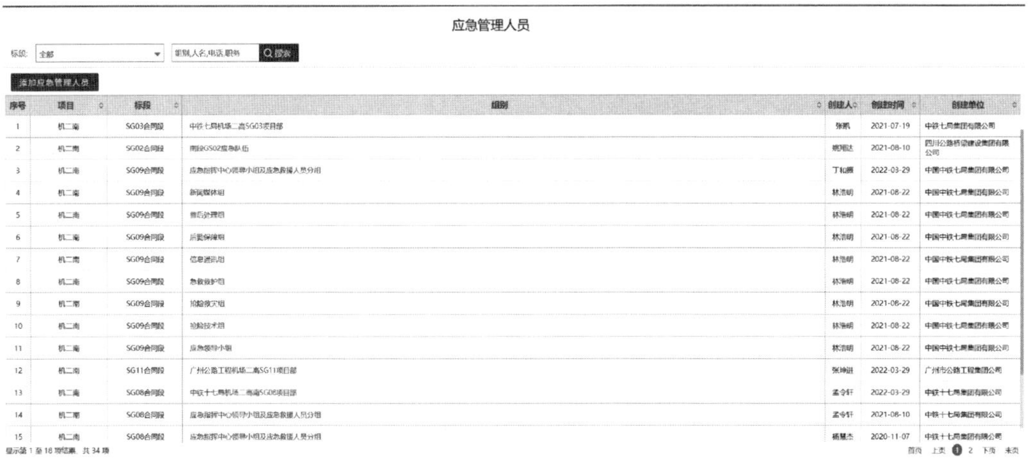
应急管理人员

标段：全部　组别,人名,电话,职务　搜索

添加应急管理人员

序号	项目	标段	组别	创建人	创建时间	创建单位
1	机二南	SG03合同段	中铁七局机场二高SG03项目部	张凯	2021-07-19	中铁七局集团有限公司
2	机二南	SG02合同段	南段GS02应急队伍	姚明达	2021-08-10	四川公路桥梁建设集团有限公司
3	机二南	SG09合同段	应急指挥中心领导小组及应急救援人员分组	丁和振	2022-03-29	中国中铁七局集团有限公司
4	机二南	SG09合同段	新闻媒体组	林浩明	2021-08-22	中国中铁七局集团有限公司
5	机二南	SG09合同段	善后处理组	林浩明	2021-08-22	中国中铁七局集团有限公司
6	机二南	SG09合同段	后勤保障组	林浩明	2021-08-22	中国中铁七局集团有限公司
7	机二南	SG09合同段	信息通讯组	林浩明	2021-08-22	中国中铁七局集团有限公司
8	机二南	SG09合同段	急救救护组	林浩明	2021-08-22	中国中铁七局集团有限公司
9	机二南	SG09合同段	抢险救灾组	林浩明	2021-08-22	中国中铁七局集团有限公司
10	机二南	SG09合同段	抢险技术组	林浩明	2021-08-22	中国中铁七局集团有限公司
11	机二南	SG09合同段	应急领导小组	林浩明	2021-08-22	中国中铁七局集团有限公司
12	机二南	SG11合同段	广州公路工程机场二高SG11项目部	张坤进	2022-03-29	广州市公路工程集团公司
13	机二南	SG08合同段	中铁十七局机场二高南SG08项目部	孟令轩	2022-03-29	中铁十七局集团有限公司
14	机二南	SG08合同段	应急指挥中心领导小组及应急救援人员分组	孟令轩	2021-08-10	中铁十七局集团有限公司
15	机二南	SG08合同段	应急指挥中心领导小组及应急救援人员分组	杨慧杰	2020-11-07	中铁十七局集团有限公司

显示第 1 至 18 项结果，共 34 项　首页 上页 1 2 下页 末页

图 3-73　应急组织机构(人员)管理(WEB 版)

第 3 章 强化管理本质安全化能力

图 3-74 应急组织机构(人员)管理(APP 版)

3.13 生产安全事故管理

3.13.1 事故快报管理

事故发生后,事故现场有关人员应立即向本单位负责人报告;单位负责人接到报告后,应于 1 小时内向事故发生地县级以上人民政府安全生产监督管理部门和负有安全生产监督管理职责的有关部门报告。情况紧急时,事故现场有关人员可直接向事故发生地县级以上人民政府安全生产监督管理部门和负有安全生产监督管理职责的有关部门报告。

事故发生后,施工单位还应立即报告监理单位和建设单位,建设单位接到报告后,应向事故发生地交通运输主管部门报告。事故报告内容包括:

(1)事故发生的简要概况;
(2)事故发生的时间、地点以及现场情况;
(3)事故的简要经过和当前状态;
(4)事故已经造成或者可能造成的伤亡人数(包括下落不明的人数),以及初步估计的直接经济损失;
(5)已经采取的控制措施;
(6)对事态发展的初步评估(如果有);
(7)报告人(或单位)姓名(或名称)、联系方式;

(8)其他应报告的情况。

事故发生后,事发单位和人员应迅速启动应急预案,进行先期处置,减少人员伤亡,防止事故扩大;组织救援时,应妥善保护事故现场和相关证据,任何单位和个人不得破坏事故现场、毁灭证据;因抢救人员、防止事故扩大以及疏通交通等原因,需要移动事故现场物件的,应做出标志,绘制现场简图,并做出书面记录,妥善保存现场重要痕迹、物证。事故调查处置期间,施工单位项目主要负责人不得擅离职守。事故发生24小时内,应形成书面报告并上报。事故报告后出现新情况的,应及时补报。自事故发生之日起30日内,事故造成的伤亡人数发生变化的,应及时补报;道路交通事故、火灾事故自发生之日起7日内,事故造成的伤亡人数发生变化的,应及时补报。

事故发生后根据要求执行事故快报制度,如实填写《交通运输行业建设工程生产安全事故快报表》。

3.13.2 事故月报管理

为实现安全生产动态管理,宏观掌控安全生产状况,各项目应认真执行安全月报制度,如实填写《交通运输建设工程生产安全事故统计月报表》。对本月无任何伤亡事故的情况,在月报表中填写"无"即可。

事故月报根据《交通运输建设工程生产安全事故统计月报表》要求进行填写。

3.13.3 本质安全管理平台事故管理

1)事故快报管理

事故快报根据《交通运输行业建设工程生产安全事故快报表》要求进行填写报送,如图3-75和图3-76所示。

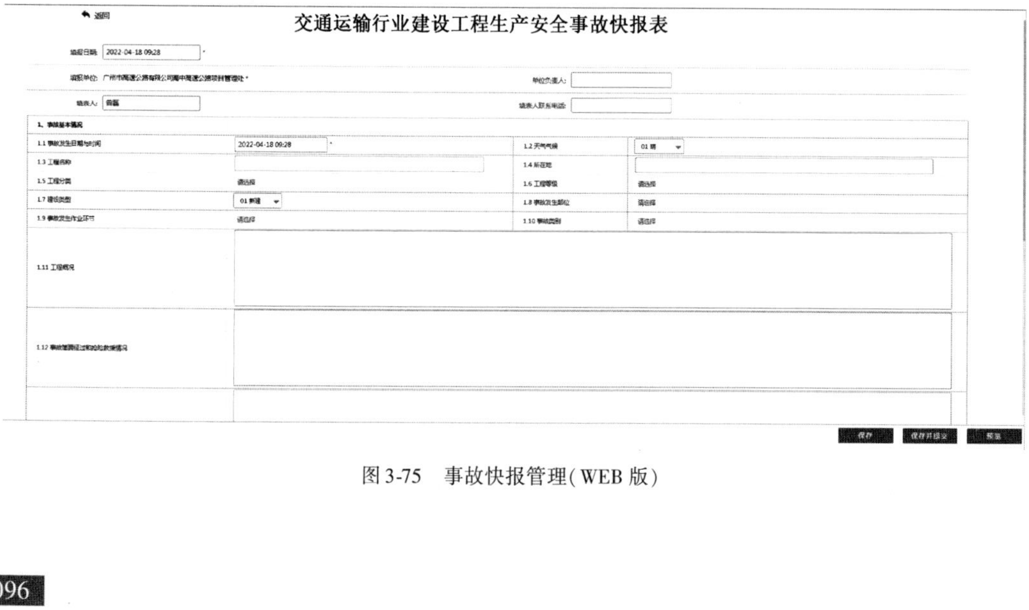

图3-75 事故快报管理(WEB版)

文档预览

搜索

交通运输行业建设工程生产安全
事故快报表

表　号：交安监11表
制定机关：交通运输部
批准机关：国家统计局
批准文号：国统制〔2018〕136号
有效期至：2021年11月

填报单位（签章）：中铁十二局集团有限公司

1.事故基本情况			
1.1 事故发生日期与时间	2020-06-05 00:00	1.2 天气气候	02 阴
1.3 工程名称	工程名称1	1.4 所在地	所在地1
1.5 工程分类	14 修造船水工工程	1.6 工程等级	04 三级
1.7 建设类型	02 改建	1.8 事故发生部位	17 水工基坑,18 码头上部,34 其他(须注明)事故发生部位1
1.9 事故发生作业环节	28 其他(须注明)事故发生作	1.10事故类别	20 其他伤害(须注明)事

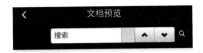

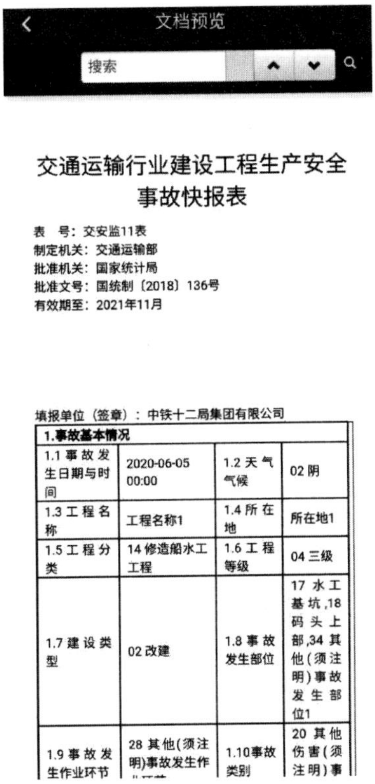

图 3-76　事故快报管理(APP 版)

2)事故月报管理

事故月报根据《交通运输建设工程生产安全事故统计月报表》要求进行填写报送，如图 3-77和图 3-78 所示。

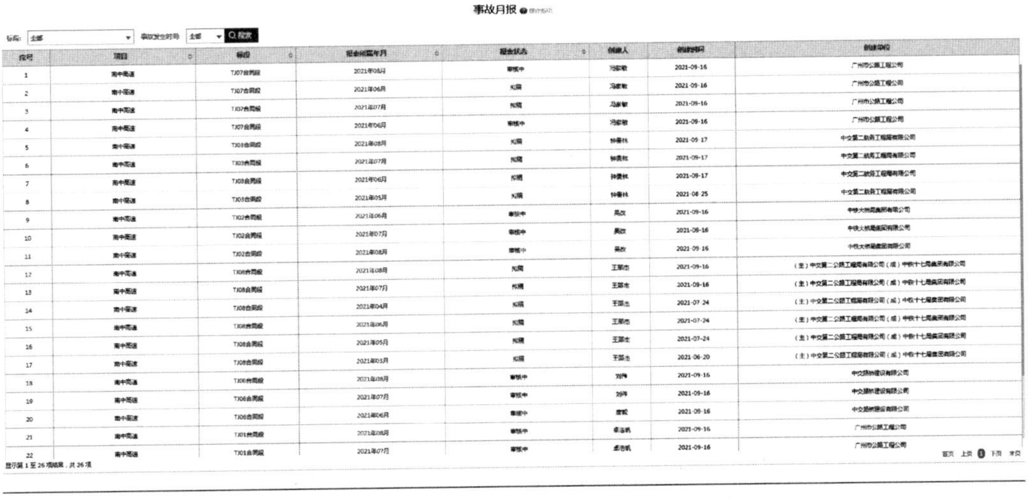

事故月报

标段：全部　事故发生时间：全部　检索

序号	项目	标段	报表所属年月	报表状态	创建人	创建时间	创建单位
1	南中高速	TJ07合同段	2021年08月	审核中	冯家敏	2021-09-16	广州市公路工程公司
2	南中高速	TJ07合同段	2021年06月	拟稿	冯家敏	2021-09-16	广州市公路工程公司
3	南中高速	TJ07合同段	2021年07月	拟稿	冯家敏	2021-09-16	广州市公路工程公司
4	南中高速	TJ07合同段	2021年06月	审核中	冯家敏	2021-09-16	广州市公路工程公司
5	南中高速	TJ03合同段	2021年08月	拟稿	钟贵林	2021-09-17	中交第二航务工程局有限公司
6	南中高速	TJ03合同段	2021年07月	拟稿	钟贵林	2021-09-17	中交第二航务工程局有限公司
7	南中高速	TJ03合同段	2021年06月	拟稿	钟贵林	2021-09-17	中交第二航务工程局有限公司
8	南中高速	TJ03合同段	2021年05月	拟稿	钟贵林	2021-08-25	中交第二航务工程局有限公司
9	南中高速	TJ02合同段	2021年06月	审核中	吴政	2021-09-16	中铁大桥局集团有限公司
10	南中高速	TJ02合同段	2021年07月	审核中	吴政	2021-09-16	中铁大桥局集团有限公司
11	南中高速	TJ02合同段	2021年08月	审核中	吴政	2021-09-16	中铁大桥局集团有限公司
12	南中高速	TJ08合同段	2021年08月	拟稿	王邵杰	2021-09-16	(主)中交第二公路工程局有限公司(成)中铁十七局集团有限公司
13	南中高速	TJ08合同段	2021年07月	拟稿	王邵杰	2021-09-16	(主)中交第二公路工程局有限公司(成)中铁十七局集团有限公司
14	南中高速	TJ08合同段	2021年04月	拟稿	王邵杰	2021-07-24	(主)中交第二公路工程局有限公司(成)中铁十七局集团有限公司
15	南中高速	TJ08合同段	2021年06月	拟稿	王邵杰	2021-07-24	(主)中交第二公路工程局有限公司(成)中铁十七局集团有限公司
16	南中高速	TJ08合同段	2021年05月	拟稿	王邵杰	2021-07-24	(主)中交第二公路工程局有限公司(成)中铁十七局集团有限公司
17	南中高速	TJ08合同段	2021年03月	拟稿	王邵杰	2021-06-20	(主)中交第二公路工程局有限公司(成)中铁十七局集团有限公司
18	南中高速	TJ06合同段	2021年08月	审核中	刘伟	2021-09-16	中交路桥建设有限公司
19	南中高速	TJ06合同段	2021年07月	审核中	刘伟	2021-09-16	中交路桥建设有限公司
20	南中高速	TJ06合同段	2021年06月	审核中	唐毅	2021-09-16	中交路桥建设有限公司
21	南中高速	TJ01合同段	2021年08月	审核中	卓浩帆	2021-09-16	广州市公路工程公司
22	南中高速	TJ01合同段	2021年07月	审核中	卓浩帆	2021-09-16	广州市公路工程公司

显示第 1 至 26 项结果，共 26 项　首页　上页　1　下页　末页

图　3-77

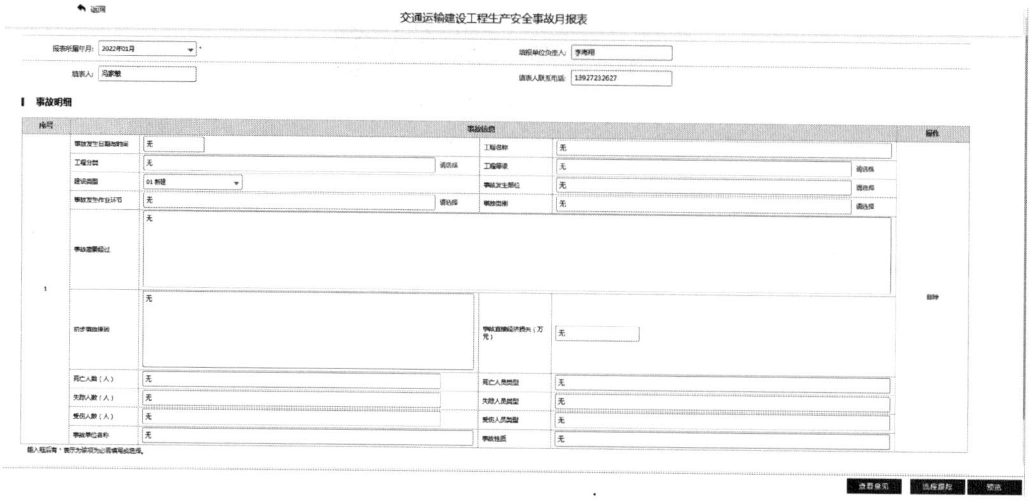

图 3-77　事故月报管理(WEB 版)

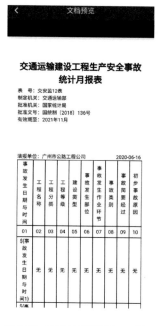

图 3-78　事故月报管理(APP 版)

3.14　日志管理

监理日志和安全日志作为监理单位、施工单位安全管理人员每天工作的体现，其目前的形成过程主要通过各管理人员自行填写，因此存在以下几个问题：

（1）管理人员每天工作结束需再次回顾总结工作内容填写日志，增加了管理人员的工作量；

（2）日志内容相对于每天的工作情况，未能完全反映出人员的工作内容，多数人员存在应付心理，因此日志缺失或者千篇一律的现象较多；

（3）各单位日志表格样式不统一。

3.14.1 本质安全管理平台监理安全日志管理

监理安全日志是落实监理单位安全员岗位安全职责的功能之一，主要内容包括天气、主要施工情况、监理主要工作、问题及处理情况等，如图3-79和图3-80所示。施工安全日志和监理安全日志内容来源于平台智能工作任务总结和管理人员的调整增加，系统平台将个人工作内容记录汇总到日志中，管理人员只需要对内容进行调整即可，避免了安全管理人员在书写日志时遗漏工作内容，系统帮助总结每天的工作内容大大减轻了管理人员的工作量，提高了工作效率。

图 3-79　监理安全日志（APP 版）

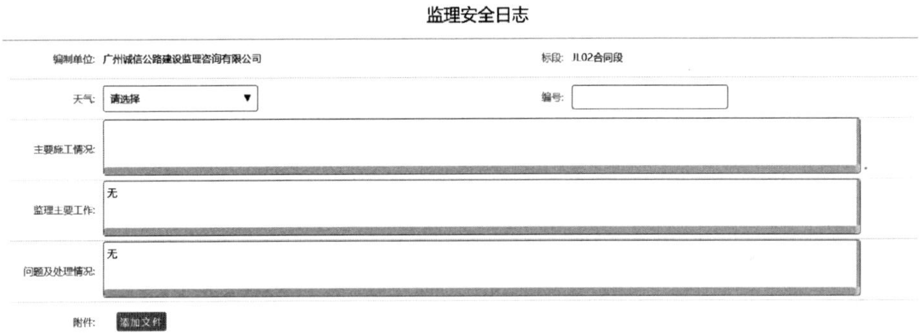

图 3-80　监理安全日志（WEB 版）

3.14.2 本质安全管理平台施工现场安全日志管理

施工现场安全日志功能模块是落实施工单位安全员岗位安全职责的功能之一，日志主要内容包括天气施工内容、巡检（安全事故隐患、违章指挥、违章操作、班前会执行、警示标志设置与维护）情况、设施用品进场记录（数量、产地、标号、牌号、合格证份数等）、设施验收情况、设备设施、施工用电、"三宝（安全带、安全网、安全帽）、四口（电梯井口、通道口、楼梯口、预留洞口）"防护情况、违章操作、事故隐患（或未遂事故）发生的原因、处理意见和处理方法、发出/收到整改通知情况、其他特殊情况等内容，如图3-81和图3-82所示。系统每天将个人工作记录汇总到以上类别中，管理人员只需对内容稍作修改、复核即可生成新的施工安全日志。通过系统自动关联，日志表头和表尾固定格式，管理人员只需针对智能归类的内容进行复核，极大地提高了日志生成的效率，避免了疏漏，提高了工作效率。

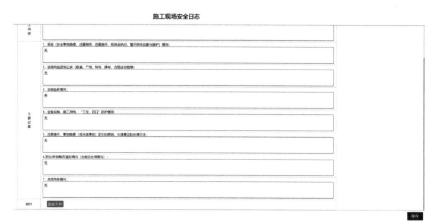

图 3-81　施工现场安全日志(WEB 版)

图 3-82　施工现场安全日志(APP 版)

3.15　安全生产内业资料管理

3.15.1　内业资料归档要求

安全生产内业资料是指工程项目建设过程中,建设、监理、施工单位在安全生产过程中形成的具有保存和利用价值的文字、图表、声像以及电子文档等不同形式载体的记录。安全生产内业资料管理应遵循完整、全面、真实、归档及时的原则,随工程进度同步收集、整理和保存,做到分类科学,组卷合理,目录规范,排列有序。建设、监理、施工单位安全生产内业资料应按照规定的管理类别进行归档,按照"谁办理、谁整理、谁归档"的原则进行保管。根据"一岗双责"的要求,建设、监理、施工单位安全生产管理部门和相关职能部门,应指定人员负责本部门职责范围内安全生产内业资料管理工作,按年度收集、整理、归档和保管在工程项目建设过程中形成的安全生产内业资料。

3.15.2 归档内容及归档部门

1) 建设单位归档资料(表3-13)

建设单位内业资料归档 表3-13

一级标题	文件编号	二级标题	内容	归档部门
1.组织机构及人员	101	安全生产组织机构图	安全生产组织机构图	安全部门
	102	组织机构成立相关文件	组织机构成立相关文件	安全部门
	103	管理人员	管理人员名册及相关资格资料	综合部门
	104	管理人员各岗位职责	管理人员各岗位职责	综合部门
2.安全生产责任制及考核	201	工程项目安全生产目标	工程项目安全生产目标	安全部门
	202	安全生产管理策划方案	工程项目安全生产管理策划方案	安全部门
	203	年度安全生产工作计划	年度安全生产工作计划	安全部门
	204	年度安全生产总结	年度安全生产总结	安全部门
	205	安全生产责任书	本单位各层级安全生产责任书(管理人员)	安全部门
	206	安全生产责任制考核及奖惩	本单位安全生产责任制考核及奖惩	安全部门
3.安全生产制度	301	安全生产制度清单	1.全员安全生产责任制及考核奖惩制度;2.安全生产会议制度;3.安全生产机构设置与人员配备制度;4.安全风险辨识、评估与分级管控制度;5.安全生产费用管理制度;6.安全生产教育培训制度;7.安全生产检查制度;8.生产安全事故隐患督促整改制度;9.生产安全事故管理制度;10.安全生产内业资料管理制度;11."平安工地"建设评价制度	安全部门
	302	安全生产制度发文	安全生产制度发文	安全部门
	303	安全生产制度宣贯	安全生产制度宣贯	安全部门

续上表

一级标题	文件编号	二级标题	内容	归档部门
4.安全生产合同	401	各类经济合同	各类经济合同(有安全生产内容的)	合约部门
	402	安全合同	安全合同	合约部门
5.风险评估与预控	501	各类安全风险评估台账	各类安全风险评估台账	工程、安全部门
	502	各类安全风险评估	各类安全风险评估资料	工程、安全部门
	503	施工组织设计报备	施工组织设计报备资料	工程、安全部门
	504	危险性较大工程专项施工方案报备	危险性较大工程专项施工方案报备资料	工程、安全部门
	505	每月风险清单	每月20日生成的风险清单	工程部门、安全部门
6.安全生产会议	601	安全例会纪要	1.年度安全例会;2.季度安全例会;3.月度安全例会;4.周安全例会;5.安全生产委员会会议	安全部门
	602	安全生产其他专题会议纪要	1.重大节假日前安全例会;2.特殊天气前安全例会	安全部门
7.安全生产费用管理	701	施工单位安全生产费用计划	施工单位安全生产费用计划	合约、安全部门
	702	施工单位安全生产费用支付凭证	施工单位安全生产费用支付凭证	合约、安全部门
	703	施工单位安全生产费用清单	施工单位安全生产费用清单	合约、安全部门
	704	施工单位安全生产费用计量支付台账	施工单位安全生产费用计量支付台账	合约、安全部门
	705	施工单位安全生产费用申报、审批	施工单位安全生产费用申报、审批	合约、安全部门
	706	本单位内部安全生产费用使用	本单位内部安全生产费用使用资料	安全、综合部门
8.安全教育培训	801	安全教育培训计划	安全教育培训计划	安全部门
	802	安全教育培训记录	安全教育培训资料(包含对内部、对监理、施工单位的)	各部门

第3章　强化管理本质安全化能力

续上表

一级标题	文件编号	二级标题	内容	归档部门
9.安全生产检查	901	安全生产定期检查	1.检查记录;2.整改资料(定期检查、重大事故隐患排查)	各部门
	902	安全生产不定期检查	1.检查记录;2.整改资料(包含不定期检查、开工前安全生产条件核查、分项工程开工前安全生产核查、复工检查、专控工序安全验收、安全防护验收、设备检查、安全防护检查)	各部门
	903	安全日常检查	1.检查记录;2.整改记录	各部门
	904	上级有关部门的安全生产检查	1.检查通报;2.整改回复意见	安全部门
	905	"平安工地"建设方案及要求	1."平安工地"建设评价方案;2."平安工地"相关要求资料	安全部门
	906	"平安工地"建设评价	1.建设单位自评资料;2.建设单位对监理单位的定期评价;3.建设单位对施工单位的定期评价	安全部门
10.生产安全事故管理	1001	生产安全事故台账	生产安全事故台账	安全部门
	1002	生产安全事故台账相关报表	生产安全事故台账相关报表	安全部门
11.安全生产应急管理	1101	应急预案	1.工程项目综合应急预案;2.本单位内部应急预案及报备;3.施工单位应急预案报备	各部门
	1102	应急预案演练	1.应急预案演练方案;2.应急预案演练记录;3.应急预案演练评估	各部门

2)施工单位归档资料(表3-14)

施工单位内业资料归档　　　　　表3-14

一级标题	文件编号	二级标题	内容	归档部门
1.组织机构及人员	101	安全生产组织机构图	安全生产组织机构图	安全部门
	102	组织机构成立相关文件	组织机构成立相关文件	安全部门
	103	管理人员	管理人员名册及相关资格资料	安全部门
	104	管理人员各岗位职责	管理人员各岗位职责	安全部门
	105	全员劳动用工登记资料	作业人员台账、相关资格及保险	人事部门

续上表

一级标题	文件编号	二级标题	内容	归档部门
1.组织机构及人员	106	安全生产许可证等资质资料、证书原件或复印件	安全生产许可证等资质资料、证书原件或复印件	安全部门
2.安全生产责任制及考核	201	本单位安全生产目标	本单位安全生产目标	安全部门
	202	合同段安全生产管理策划方案	合同段安全生产管理策划方案	安全部门
	203	年度安全生产工作计划	年度安全生产工作计划	安全部门
	204	年度安全生产总结	年度安全生产总结	安全部门
	205	安全生产责任书	本单位各层级安全生产责任书(管理人员)	安全部门
	206	安全生产责任制考核及奖惩	本单位安全生产责任制考核及奖惩	安全部门
	207	员工进场安全生产承诺书	员工进场安全生产承诺书(工人)	安全部门
	208	岗位安全告知书	岗位安全告知书(工人)	工程部门
	209	安全技术交底	安全生产技术交底书及记录	工程部门
	210	项目负责人带班计划	项目负责人带班计划	工程部门
3.安全生产制度	301	安全生产制度清单	1.全员安全生产责任制及考核奖惩制度;2.安全生产会议制度;3.安全风险辨识、评估与分级管控制度;4.安全生产费用管理制度;5.劳动用工实名登记制度;6.劳动防护用品配备和管理制度;7.特种作业人员管理制度;8.施工机械设备安全管理制度;9.施工单位项目主要负责人带班制度;10.安全生产教育培训管理制度;11."平安班组"建设制度;12.危险性较大工程管理制度;13.施工安全技术交底制度;14.安全生产检查制度;15.事故隐患排查治理制度;16.生产安全事故管理制度;17.安全生产内业资料管理制度;18.施工现场消防安全责任制度;19.危险品管理制度;20.施工作业操作规程;21.专业分包(劳务合作)单位安全管理考评制度;22."平安工地"建设评价制度;23.安全生产奖惩制度	安全部门

续上表

一级标题	文件编号	二级标题	内容	归档部门
3.安全生产制度	302	各工种、机械设备操作规程	1.一般机械设备操作规程;2.特种设备操作规程	设备物资部门
4.安全生产合同	401	各类经济合同	各类经济合同(有安全生产内容的)	合约部门
	402	分包单位签订的	1.分包协议;2.安全合同	合约部门
	403	租赁单位签订的	1.分包协议;2.安全合同	合约部门
5.风险评估与预控	501	风险(危险)源识别	风险(危险)源识别清单	工程部门
	502	重大风险(危险)源登记	重大风险(危险)源清单	工程部门
	503	监控管理方案	监控管理方案	工程部门
	504	安全风险评估资料	各类总体风险评估及专项风险评估报告	工程部门
	505	施工组织设计	施工组织设计资料	工程部门
	506	各类专项施工方案	各类专项施工方案	工程部门
	507	每月风险清单	每月20日生成的风险清单	工程部门
6.安全生产会议	601	安全例会纪要	1.年度安全例会;2.季度安全例会;3.月度安全例会;4.周安全例会;5.安全生产委员会会议	安全部门
	602	安全生产其他专题会议纪要	1.重大节假日前安全例会;2.特殊天气前安全例会	安全部门
7.安全生产费用	701	安全生产费用使用计划	安全生产费用使用计划资料	安全、合约部门
	702	安全生产费用使用资料	安全生产费用使用资料(含相关凭证)	安全、合约部门
	703	安全生产费用明细	安全生产费用明细	合约部门
	704	安全生产费用计量支付	安全生产费用计量支付台账	合约部门

续上表

一级标题	文件编号	二级标题	内容	归档部门
8.安全教育培训	801	安全教育培训计划	安全教育培训计划	安全部门
	802	安全教育培训记录	安全教育培训记录	安全部门
	803	安全教育考试记录	安全教育考试记录	安全部门
9.安全生产检查	901	安全生产定期检查	1.检查记录;2.整改资料(定期检查、重大事故隐患排查)	各部门
	902	安全生产不定期检查	1.检查记录;2.整改资料(包含不定期检查、开工前安全生产条件核查、分项工程开工前安全生产核查、复工检查、专控工序安全验收、安全防护验收、设备检查、安全防护检查)	各部门
	903	安全日常检查	1.检查记录;2.整改记录	各部门
	904	上级有关部门的安全生产检查	1.检查通报;2.整改文件	安全部门
	905	"平安工地"建设方案及要求	1."平安工地"建设评价方案;2."平安工地"相关要求资料	工程、安全部门
	906	"平安工地"建设评价	1.施工单位自评资料;2.建设单位对施工单位的定期评价;3.监理单位对施工单位的定期评价	工程、安全部门
	907	事故隐患排查治理台账	事故隐患排查治理台账	安全部门
	908	施工安全日志	施工安全日志	工程、安全部门
	909	对专业分包单位评价	1.安全生产履约评价;2.奖惩资料	合约部门
	910	对劳务合作单位评价	1.安全生产履约评价;2.奖惩资料	合约部门
10.生产安全事故管理	1001	生产安全事故台账	生产安全事故台账	安全部门
	1002	生产安全事故台账相关报表	生产安全事故台账相关报表	安全部门
11.安全生产应急管理	1101	综合应急预案	综合应急预案	安全部门
	1102	专项应急预案	专项应急预案	安全部门
	1103	现场处置方案	现场处置方案	安全部门
	1104	应急预案演练	应急预案演练记录	安全部门

续上表

一级标题	文件编号	二级标题	内容	归档部门
12.机械管理设备	1201	电工巡查记录	电工巡查记录	设备物资部门
	1202	一般设备管理	1.一般设备台账;2.检验验收记录;3.安装拆除记录	设备物资部门
	1203	一般设备进退场报审	1.机械设备出厂合格证;2.检验材料	设备物资部门
	1204	一般设备保养维修	1.保养记录;2.维修记录	设备物资部门
	1205	特种设备管理	1.特种设备台账;2.检验验收记录;3.安装拆除记录	设备物资部门
	1206	特种设备进退场报审	1.机械设备出厂合格证;2.检验材料	设备物资部门
	1207	特种设备保养维修	1.保养记录;2.维修记录	设备物资部门
13.劳动防护用品及消防	1301	安全用品台账	安全用品台账	设备物资部门
	1302	安全用品领取、更换、报废台账	安全用品领取、更换、报废台账	人事部门
	1303	消防器材台账	消防器材台账	安全部门
	1304	消防器材分布图	消防器材分布图	综合部门
14.危险品管理	1401	危险品台账	危险品台账	设备物资部门
	1402	危险品领取、使用、位置等	危险品领取、使用、位置等资料	安全部门

3）监理单位归档资料（表3-15）

监理单位内业资料归档　　　　　　　　　　表3-15

一级标题	文件编号	二级标题	内容	归档部门
1.组织机构及人员	101	安全生产组织机构图	安全生产组织机构图	安全部门
	102	组织机构成立相关文件	组织机构成立相关文件	安全部门
	103	监理人员	监理人员名册及相关资格资料	综合部门

续上表

一级标题	文件编号	二级标题	内容	归档部门
1.组织机构及人员	104	监理人员各岗位职责	监理人员各岗位职责	综合部门
	105	监理人员调换与进退场报批	监理人员调换与进退场报批文件	安全部门
2.安全生产责任制及考核	201	本单位安全生产目标	本单位安全生产目标	安全部门
	202	年度安全生产总结	年度安全生产总结	安全部门
	203	安全生产责任书	本单位各层级安全生产责任书(管理人员)	安全部门
	204	安全生产责任制考核及奖惩	本单位安全生产责任制考核及奖惩资料	安全部门
3.安全生产制度	301	安全生产制度清单	1.全员安全生产责任制及考核奖惩制度;2.安全生产会议制度;3.安全生产费用审查制度;4.特种作业人员、特种设备核查监督制度;5.安全生产教育培训制度;6.危险性较大工程监理制度;7.安全生产检查制度;8.生产安全事故隐患督促整改制度;9.生产安全事故报告制度;10.安全生产内业资料管理制度;11."平安工地"建设评价制度;12.各项安全生产制度报批文件	安全部门
	302	(试验)操作规程汇编	(试验)操作规程汇编	中心试验室
	303	监理计划	1.监理计划;2.监理计划报批文件	安全部门
	304	安全监理细则	1.安全监理细则;2.安全监理细则报批文件	安全部门
4.安全生产合同	401	各类经济合同	各类经济合同(有安全生产内容的)	合同部
	402	安全合同	安全合同	合同部
5.风险评估与预控	501	所监理合同段安全风险评估台账	所监理合同段安全风险评估台账	安全部门
	502	所监理合同段安全风险审批材料	所监理合同段安全风险审批材料	安全部门
	503	审查施工组织设计	审查施工组织设计资料	工程部门
	504	审查各类专项施工方案	审查各类专项施工方案资料(临时用电专项施工方案)	安全部门
	505	所监理合同段每月风险清单	每月20日生成的风险清单	安全部门

续上表

一级标题	文件编号	二级标题	内容	归档部门
6.安全生产会议	601	安全例会纪要	1.年度安全例会;2.季度安全例会;3.月度安全例会;4.周安全例会;5.安全生产委员会议	安全部门
	602	安全生产其他专题会议纪要	1.重大节假日前安全例会;2.特殊天气前安全例会	安全部门
7.安全生产费用审查	701	审核安全生产费用使用计划	审核安全生产费用使用计划资料	合约、安全部门
	702	审核安全生产费用明细	审核安全生产费用明细资料	合约、安全部门
	703	审核安全生产费用计量支付	审核安全生产费用计量支付资料	合约、安全部门
	704	监理单位内部安全生产费用使用	监理单位内部安全生产费用使用资料	安全、综合部门
8.安全教育培训	801	安全教育培训计划	安全教育培训计划	安全部门
	802	安全教育培训记录	安全教育培训记录	各部门
	803	外部培训考核记录	培训考核记录	安全部门
9.安全生产检查	901	安全生产定期检查	1.检查记录;2.整改资料(定期检查、重大事故隐患排查)	各部门
	902	安全生产不定期检查	1.检查记录;2.整改资料(包含不定期检查、开工前安全生产条件核查、分项工程开工前安全生产核查、复工检查、专控工序安全验收、安全防护验收、设备检查、安全防护检查)	各部门
	903	安全日常检查	1.检查记录;2.整改记录	各部门
	904	上级有关部门的安全生产检查	1.检查通报;2.整改文件	安全部门
	905	"平安工地"建设方案及要求	1."平安工地"建设评价方案;2."平安工地"相关要求资料	安全部门
	906	"平安工地"建设评价	1.监理单位自评资料;2.施工单位自评材料;3.对施工单位定期评价	工程、安全部门
	907	事故督促整改治理台账	事故督促整改治理台账	安全部门
	908	监理安全日志	监理安全日志	工程、安全部门

续上表

一级标题	文件编号	二级标题	内容	归档部门
10. 生产安全事故管理	1001	生产安全事故台账	生产安全事故台账	安全部门
	1002	生产安全事故台账相关报表	1. 事故快报；2. 事故月报	安全部门
11. 安全生产应急管理	1101	审批施工单位应急预案	审批施工单位应急预案资料	安全部门
	1102	审查施工单位应急预案演练	审查施工单位应急预案演练记录资料	安全部门
12. 安全生产条件核查	1201	施工单位安全生产许可证	施工单位安全生产许可证	安全部门
	1202	审核施工单位安全体系	1. "三类人员"台账；2. 相关资格资料	安全部门
	1203	审核特种作业人员进场	审核特种作业人员进场资料	安全部门、驻地办
	1204	审核特种设备使用资料	审核特种设备使用资料	安全部门、驻地办

3.15.3 本质安全管理平台内业资料归档管理

基于本质安全管理平台,内业资料的归档分为两类,第一类是自动归档材料,这些资料的形成依靠平台使用过程中自动生成相应的标准材料,并自动归档;第二类是需要手动上传的资料,称为手动归档,这些材料多是作为相关流程中的一些附件材料,通过流程或者模块使用过程中上传,平台自动归类到对应位置。安全管理平台内业资料自动归档管理示例如图3-83所示。

图3-83 安全管理平台内业资料自动归档管理

第4章 提升技术本质安全化强度

技术本质安全管理是高速公路建设本质安全管理体系的技术支撑,通过安全技术能力的提升,从而提升项目安全管理水平,是管理水平和个人能力的综合体现。技术本质安全化强度的提升主要从建立安全技术标准数据库、安全技术标杆数据库、安全防护技术标准数据库三个方面着手,旨在提升安全管理人员技术能力,从而提高整个项目安全技术水平。

4.1 安全技术标准数据库

安全技术标准数据库的建立以《广东省高速公路工程施工安全标准化指南》(以下简称《指南》)第二册安全技术篇为基础,结合相关法律、法规、规范,目的是将安全技术中规定的主要安全要素进行梳理,对每条安全技术标准进行分解,将其具体到明确的安全技术对象上,使得安全技术标准被分解成单独的安全技术条目。安全技术标准数据库的内容包括《指南》中对安全技术的相关要求,主要包括驻地建设及临建设施、临时用电、消防安全、特种设备、一般设备及机具、专用设备设施、爆破施工、恶劣环境施工、跨路跨线施工、取弃土(渣)场、标志标牌、个人防护与职业健康等12类通用安全技术标准和路基工程、桥涵工程、隧道工程、路面工程、交通安全设施、机电工程、房建工程等7类安全技术标准。

4.1.1 安全技术标准数据库的建立

标准库建立按照以上类别划分,首先对《指南》中相关安全技术标准要求进行分析判断,将复杂句分解成单句,形成技术条目,使得每一条安全技术要求条目明确清晰;其次对分解的安全技术条目进行识别,对每条技术条目中有关描述工程部位、结构名称、气候、结构件名称、施工方法、设备名称等相关主语、定语进行标识,作为识别技术标准的关键词。技术标准数据库建立如表4-1所示。

技术标准数据库示例 表4-1

序号	安全技术要求	关键词
1	××××××××××××××××××	关键词1;关键词2
…	……	……

从安全技术标准数据库的动态变化考虑,安全技术标准会随着相关法律、法规和相关技术标准的变化而变化,在后期的使用过程中会出现数据库的增加和改变,因此在使用过程中

出现新的技术标准时，系统进行对比判断实现数据库的增加和更新，使得数据库适应相关法律、法规的改变，实现数据库的动态变化。

4.1.2 安全技术标准数据库的应用与管理

1）安全技术标准数据库的应用

安全技术标准数据库主要应用于以下两个方面：

（1）自主学习。通过关键字搜索具体技术标准，解决安全管理中"不会做、不知道做到什么标准"的问题，适用于安全管理人员和工程技术人员，将安全技术标准数据库作为基本安全技术准则。

（2）安全检查表。在安全检查流程中，安全技术标准数据库作为安全检查内容的标准，通过关键字搜索出需要的检查标准形成安全检查表，解决了在隐患排查过程中"不知道如何检查和有什么标准"的问题，确保隐患排查能全面、及时发现存在的隐患。

2）本质安全管理平台安全技术标准数据库管理（图4-1、图4-2）

图4-1　安全技术标准数据库（APP版）

图4-2　安全技术标准数据库（WEB版）

4.2 安全技术标杆数据库

在实际工程建设中各建设单位都秉承国家发展战略规划,以创新为驱动力,不断在安全管理手段、安全管理技术上进行创新,但是整个行业安全管理的严峻形势仍然没有得到解决,其原因之一是各单位之间的优秀、先进的安全管理经验和安全技术未得到大力的推广,对于个别好的安全管理技术只在本单位内使用,这就造成了各单位安全管理存在在某一方面做得好,在其他方面做得不好的情况,长此以往安全隐患就容易在管理薄弱环节产生。本书提出了建立公路工程行业安全管理标杆数据库的方法和应用,以建设单位为主导,各参建单位作为数据来源,收集行业内优秀的安全管理经验、建立先进的安全管理技术相关数据库,然后通过信息化手段将之推广,使得安全管理手段在行业内不断推广,达到取长补短、不断改进的效果,能大力推动提升安全管理水平,具有重要的经济效益和社会效益。

4.2.1 标杆数据库的建立

安全标杆数据库的建立目的是使用文字说明和图片相结合的方式,推广安全生产管理中取得的比较好的安全管理方法与安全管理技术。按照数据来源的多样化和广泛性,安全标杆库的模块使用推荐赋权给所有使用该"本质安全"平台的各管理方、各级管理人员。安全标杆数据库形成过程如图4-3所示。

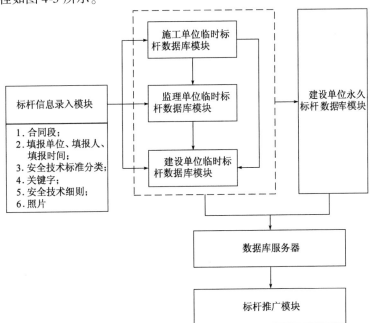

图4-3 安全标杆数据库形成过程图

建立标杆数据库的录入模板,根据各方需要对各方标杆数据库的形成过程设计了相应的权限,分为业主永久标杆数据库、业主临时标杆数据库、监理单位临时标杆数据库、各施工标段临时标杆数据库等。各标杆数据库之间的关系如图4-4所示。

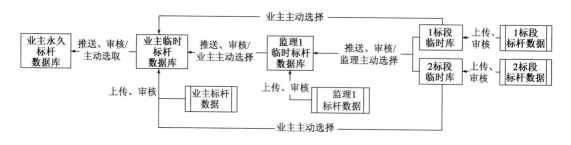

图4-4　各标杆数据库之间的关系图

1) 业主永久标杆数据库

业主永久标杆数据库的数据来源包括从业主临时数据库主动选择组成,或者业主临时数据库推送上来并经过审核通过进入到永久库,或者主动选择各监理单位、各施工标段的标杆数据组成,或者各监理单位主动向业主推送并经过业主审核通过进入永久标杆数据库。业主的永久标杆数据库业主管理人员、各施工标段人员、各监理单位人员只有查看功能,作为业主推广标杆的手段。因此业主可以查看所有标杆数据库。

2) 业主临时标杆数据库

此数据库是业主相关管理人员上传的标杆数据,各人员上传标杆后要经过业主安全部人员审核"通过"后才能入临时库。业主临时标杆数据库可以被所有监理、施工标段看到。

3) 监理单位临时标杆数据库

此数据库的数据来源包括,监理单位人员上传的标杆数据库,经过监理工程师"通过"进入数据库,或者查看监理标段内的各标段临时标杆数据库从中选择进入监理临时标杆数据库,或者监理各施工标段主动向监理推送并经过监理工程师"通过"进入监理临时标杆数据库。其中监理可以查看自身临时标杆数据库、各标段临时标杆数据库。监理临时标杆数据库可以被所监理的标段看到。

4) 各施工标段临时标杆数据库

此数据库来源于各标段内部人员上传,通过各标段专职安全员审核"通过"后进入各施工标段临时标杆数据库,可以向监理单位临时标杆数据库推送。

4.2.2　标杆数据库的应用

1) 标杆数据库的作用

(1) 根据不同作业环境收集整理最佳的安全管理方法,包括优秀的管理方法、先进的施工技术等,以便将之推广到其他单位或者其他项目,其推广过程如图4-5所示。

第4章 提升技术本质安全化强度

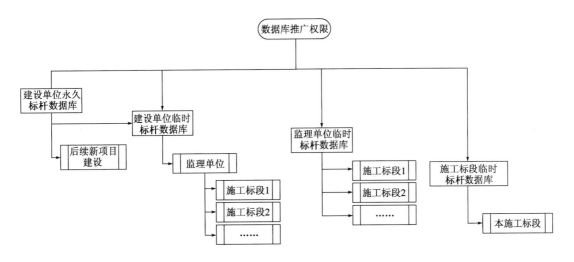

图 4-5 标杆数据库的推广过程图

（2）改进目前已有的管理方法和技术手段，根据不同渠道汇总的不同管理方法和技术手段，对其进行分析，结合各自要点整合形成全新的工程技术管理手段，使个别标杆方法进一步完善，形成成熟、先进的技术手段，对推动行业发展具有重要意义。

2）本质安全管理平台标杆数据库管理（图 4-6～图 4-9）

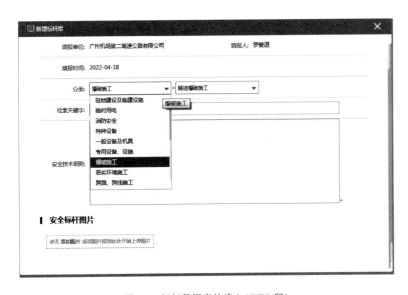

图 4-6 标杆数据库的建立（WEB 版）

图 4-7 标杆数据库的建立（APP 版）

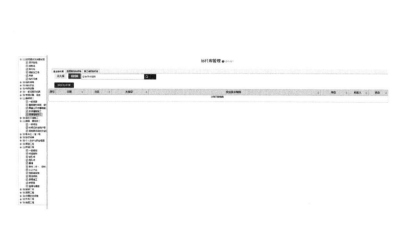 

图4-8 标杆数据库的管理(WEB版)　　图4-9 标杆数据库的管理(APP版)

4.3 安全防护技术标准数据库

4.3.1 安全防护技术标准数据库的建立

安全防护技术标准数据库的建立以《广东省公路工程施工安全防护设施技术指南》为依据,将其中对公路工程施工过程中的相关防护技术要求进行了采纳,将之作为技术标准数据库的主要内容。

标准数据库主要采用表格的形式,主要包括以下28种安全技术标准验收表格:1.2m防护栏杆安全验收表,1.5m防护栏杆安全验收表,地面水平通道安全验收表,高处作业水平通道安全验收表,钢直梯安全验收表,钢斜梯安全验收表,人行塔梯安全验收表,移动式作业平台安全验收表,落地式作业平台安全验收表,悬挑式作业平台安全验收表,防物体打击类防护棚安全验收表,防晒、防雨类防护棚安全验收表,防护盖板安全验收表,防护罩安全验收表,抗风设施安全验收表,支架设施安全验收表,电缆埋地敷设设施安全验收表,电缆沟敷设设施安全验收表,电缆架空敷设设施安全验收表,防撞设施安全验收表,警示(隔离)设施安全验收表,隧道逃生管道安全验收表,应急灯具安全验收表,防护挡板安全验收表,轨道端头止挡安全验收表,气瓶小推车安全验收表,电焊机推车或吊笼安全验收表,护轮坎安全验收表等。各验收表按照验收类型分类,对各验收标准进行了量化,使管理人员对安全防护做到"什么具体标准"有了依据,解决了"不会做、做到什么标准"的问题。

4.3.2 安全防护技术标准数据库的应用

1) 安全防护技术标准数据库的作用

(1) 第一个方面作为安全技术标准数据库的一部分,可用于工程管理人员的相关技术的学习,提升对安全防护相关管理的工作水平。

(2) 第二个方面用于日常的安全检查,安全防护标准表格作为安全检查的标准数据表格,按照隐患排查与治理流程进行隐患排查,排查过程中对每条技术要求进行判断"符合"或者"不符合",对于不符合要求的作为隐患进入安全隐患排查与治理流程。

(3) 第三个方面安全防护标准数据库作为验收表格使用,在防护设备安装完成后由安装人员、施工单位工程、机材、安全部门及监理单位共同实施验收过程。验收流程如图4-10所示。

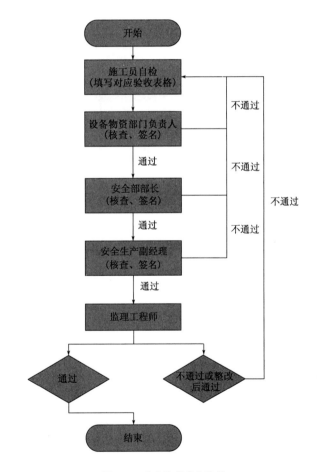

图4-10 安全防护验收流程

2）本质安全管理平台安全防护技术标准数据库管理（图4-11、图4-12）

图4-11　安全防护技术标准数据库（WEB版）

图4-12　安全防护技术标准数据库（APP版）

参 考 文 献

[1] 罗云.企业本质安全:理论·模式·方法·范例[M].北京:化学工业出版社,2018.
[2] 吴穹,许开立.安全管理学[M].北京:煤炭工业出版社,2002.
[3] 广东省交通运输厅.广东省高速公路工程施工安全标准化指南 第一册 管理行为[M].北京:人民交通出版社股份有限公司,2017.
[4] 广东省交通运输厅.广东省高速公路工程施工安全标准化指南 第二册 安全技术[M].北京:人民交通出版社股份有限公司,2017.
[5] 广东省交通运输厅.公路工程施工安全防护设施技术指南[M].北京:人民交通出版社股份有限公司,2019.